Te amaba sin conocerte

MARÍA ISABEL PÁEZ

Te amaba sin conocerte
2.ª edición, 2025

mariaisabelpaezautor@gmail.com

Folios Editor (Venezuela) y The MIP Series LLC (Estados Unidos)
@folioseditor
folioseditor@gmail.com
www.folioseditor.com

Producción y coordinación editorial:
Rosa María Tovar - Marcos González
Diseño y diagramación: David Utrera - Charles Garay
Ilustración de portada: Emilse Páez
Fotografías familiares: María Isabel Páez Mossing
Fotografía de la autora: Leonel Ponte

ISBN: 979-8-9932100-3-2

LCCN: 2025922432

Te amaba sin conocerte

María Isabel Páez

Estas páginas, nacidas desde lo más profundo de mí, se las dedico a mi hija, Tatiana.

Quiero que sepas cuánto te soñé,
cuánto te amé sin conocerte
y cuánto te extrañé sin tenerte.
Aquí queda escrito que mi amor por ti será eterno.
Y que, cuando llegue el día de cerrar mis ojos para siempre,
seguiré amándote, cuidándote, protegiéndote.
Vendré a tus sueños para susurrarte cuánto te amo.
Así como tú estuviste en los míos
para recordarme que no perdiera la esperanza
porque sabía que estarías conmigo.

Este libro no es solo mío: también es de ustedes
que han sido parte de mi historia.
Es de todos los que han caminado conmigo
de quienes han creído… y de quienes han amado.
Hoy les entrego un pedacito de mi alma
con la ilusión de que estas páginas iluminen sus propios caminos e inspiren sus propias victorias.

ESTA HISTORIA ES PARA TI

Esta historia es solo una, la mía, pero tú puedes encontrar la tuya entre estas páginas. Si una línea te conmueve, en alguna escena te reflejas, algún suspiro se parece al tuyo, entonces este libro ya cumplió su propósito.

Está dedicado a quienes aún sueñan, a quienes luchan con fe y no se rinden, está dedicado a ti. Sé que puede curar, inspirar, elevar tu fe. Te enseñará a fortalecerte, aprenderás que tienes derecho a soñar, a visualizar y, sobre todo, a reconocer que si algo en la vida te importa tienes el poder para salir a buscarlo.

Haz todo lo posible por alcanzarlo. Lucha como una leona, como un león. Sé fuerte. No dejes que nadie te quite el deseo de soñar, ese que no se negocia, pues los sueños son la base de lo que podrías llegar a ser, y nadie más que tú tiene control sobre ellos.

Piensa en grande, porque esta es la esencia de tu visión. Y si después de todo ese esfuerzo y toda esa lucha las metas parecen inalcanzables, los caminos se truncan y aparecen muchos abismos, haz una pausa. Reflexiona, no nades contra la corriente, porque todo tiene una razón de ser.

Solo respira y conéctate contigo

Sé realista. Acepta los designios de Dios, porque sus planes y propósitos son distintos a los nuestros y debemos confiar en su decisión.

Esta historia —mi historia— puede convertirse en la tuya, si así lo decides. El título no importa, ese lo eliges tú. Es solo una de las muchas historias que han marcado mi vida, y habla de un lazo de amor genuino e incondicional que lo trasciende todo.

Se trata de aceptar la realidad de tu cuerpo con humildad, sin reproches ni aflicciones, con la intención de encontrar los cauces materiales y espirituales; enlazar eslabones, construir pilares, ajustar tornillos y piezas invisibles para erigir las bases sólidas de un puente que te ayude a conectar lo que la naturaleza —por obra del Creador— separa. Así apreciarás, cuando llegues al final, que todo ese esfuerzo nunca fue en vano.

Es ver la vida de diferentes maneras, aceptar que a veces ella nos muestra arcoíris monocromáticos que parecen no tener fin, pero cuya transición a colores depende de nosotros, quienes al final encontraremos lo que necesitamos para llenar el alma y el espíritu. No importa cómo llegue, porque Dios se manifiesta de distintas formas.

Al mismo tiempo, esta historia habla del profundo deseo de dejar un legado, una parte de ti que vivirá más allá del ahora. Es cumplir el anhelo de ver nacer a un ser que esperaste con ansias, que soñaste tantas veces, con quien imaginaste tu futuro y de quien tuviste la ilusión de que, de una u otra manera, sería parte de ti.

Tener a ese pequeño entre tus brazos, apretarlo contra tu pecho, escuchar el latido de su corazón junto al tuyo y experimentar la dicha de ese milagro divino que Dios les da a las mujeres. Sentir esa conexión tan especial entre una madre y ese pequeño ser es un lazo de amor que no necesita ser explicado, sino vivido, tal como un querido amigo me dijo un día: «Es tener un libro con páginas en blanco, donde escribirás la historia de una nueva vida».

Si eres una de esas tantas mujeres que comparte estas mismas esperanzas, y crees que Dios ha hecho difícil el camino, pregúntate por qué y escucha las señales que él te envía. Busca tu lado racional, por un instante sal de tu cuerpo y mírate como si fueras tu propia amiga. Aconséjate desde afuera, desde donde verás con más claridad.

Quizás necesitas fortalecer tu espíritu, pero lo importante es que ese deseo fluya con respeto y que lo busques con fe y acción, sin pasar por encima de nadie.

Ten fe y esperanza

Ora, visualiza. Aférrate a esa vitalidad interior que te sustenta y te impulsa a seguir adelante. Entrégalo todo a las manos de Dios, pues él sabe lo que hace y por qué lo hace.

Es cierto que las cosas no siempre llegan fácilmente, que a veces cuestan enojo, frustración, confusión, desolación, vacío, miedo y mucho dolor. Pero justamente por eso, cuando alcanzas tus sueños —sea cuales sean— valoras aún más tu esfuerzo. Es una enseñanza que nace de tu fe y de tu esperanza, porque supiste ver más allá de los obstáculos, demostraste sabiduría, tomaste decisiones con amor y encontraste la fuerza requerida para seguir adelante. Desde ese conocimiento nace la compasión.

Tal vez ahora te toca compartir lo que aprendiste para fortalecer el espíritu de quienes todavía sueñan y necesitan ser escuchadas. Quizá ahora te toca a ti alentarlas.

Si eres una mujer enfrentando la infertilidad, no estás sola.

Si eres hombre, te pido empatía. Cobija, protege, acompaña a tu pareja con comprensión, paciencia y apoyo incondicional. No es fácil querer y no poder.

Y si eres tú, hombre, quien desea ser padre, estas palabras también son para ti, porque a la hora de soñar, orar y tener fe, el género no importa. Lo importante es que el corazón lo quiera, que el alma lo necesite y que ese deseo se viva con amor, pasión y honestidad.

Acaso Dios solo quiere confirmar que ese deseo nace desde lo más profundo de tu ser y que no te vas a arrepentir. Tal vez lo logres, quizás no, pero no será porque Dios no quiere bendecirte, sino porque tiene otro propósito para tu vida.

El camino de la infertilidad fue una guerra silenciosa, dura, íntima. Una batalla que enfrenté con el alma desnuda, y que hoy puedo decir que vencí, porque esa victoria me convirtió en madre. Un sueño que parecía lejano, pero se hizo realidad.

Ser madre no es fácil, no hay manual. Somos humanos, y como tales, estamos llenos de defectos.

Hace poco viví un silencio profundo con el ser que más amo en esta vida. Ese silencio me dolió, pero también me enseñó. me hizo recordar lo especial que fue su llegada a mi vida, me hizo agradecer a Dios, una vez más, por ese regalo, por esa unión.

Ese silencio también fue un puente, un espacio donde ella encontró a Dios, le extendió la mano y decidió caminar junto a él, y eso, para mí, es otra forma de victoria.

Si ese silencio era necesario para su bienestar, entonces, Diosito, dame más momentos de silencio. Sufriré, será fuerte el dolor, pero también estaré feliz porque sé que ella estará mejor. Ese silencio ahora tiene nombre. Está escrito con lágrimas y memorias, con largas caminatas por la playa, momentos en los que buscaba despejar mi mente para luego plasmar en cada hoja mis vivencias y mis sentimientos.

Hoy, más de ciento veinte páginas narran mi historia, mi lucha y mi transformación: un recorrido marcado por el dolor de la infertilidad, pero también por el amor, la entrega y la fe que siempre me sostuvieron.

De ese recorrido nació un libro que brotó desde lo más profundo de mi corazón, de mis vivencias, de mis sueños y de mis anhelos. Y hoy, con el corazón abierto, tengo la alegría de compartirlo con todos ustedes.

AGRADECIMIENTO

Me he preguntado con frecuencia a quién agradecer en este relato, y muchas personas vienen a mi mente. Todas fueron parte esencial de este proceso y siempre serán recordadas porque escribieron páginas importantes en esta historia.

Gracias a cada uno de ustedes, porque sin sus presencias acaso el camino y la espera hubiesen sido más largos.

Gracias, Tom, por aceptar ser parte de mis sueños; por permitirme compartir y caminar junto a ti, aprendiendo lo que es la paternidad, jamás dejaré de agradecértelo. No me equivoqué contigo, eres un buen padre, con sentimientos hermosos. Fuiste, eres y serás siempre parte de nuestras vidas. Gracias por todo el amor y por las lecciones de vida que le das a nuestra hija. Ella siempre será nuestra bebé.

Gracias a mi bella familia: a Pedro y Elena, mis padres; a mis hermanas Patricia, Claudia y Emilse (Yany), porque una vez más me demuestran que entre nosotros solo existe amor, sin diferencias.

Hay un ser divino, celestial, que todo lo ve y todo lo puede. Un ser muy especial que ha dirigido mi vida y lo sigue haciendo, demostrándome que está a mi lado cada día. Juntos hemos transitado largos senderos, algunos duros, otros inciertos, pero él siempre me ha fortalecido y ha incrementado mi fe, y gracias a eso he vencido los obstáculos que han surgido.

Gracias, Diosito lindo, por llevarme siempre de la mano y por permitir que, a través de un ángel, una niña y una mujer se encontraran en la encrucijada de la vida.

Gracias a ese ángel —no sé cuán difícil fue su camino—, pero gracias a él hoy existe una historia bella que merecía ser contada.

ARCHIVOS TIPP

T*e esperé y soñé tanto que nunca me imaginé sin ti.*

I*maginé mi vida contigo, aun antes de que existieras.*

P*edí a Dios todos los días la oportunidad de tenerte entre mis brazos, cerca de mi ser.*

P*rofundamente sentí que ya te amaba sin conocerte, te extrañaba sin tenerte y con toda mi alma sabía que te amaría por siempre.*

Muchos archivos en mi computadora fueron creados con las letras TIPP, que en realidad eran las iniciales del nombre de una niña sin rostro que vivía solo en los sueños de una mujer con el ansia y la esperanza de ser madre algún día. Archivos TIPP que durante muchos años guardaron sueños, abrieron puertas a la ilusión y empezaron a escribir una historia.

Pasó mucho tiempo para que esas iniciales cobraran vida.

Te anhelé, te pensé y te imaginé aquí… junto a mí, cerquita de mi pecho, entre mis brazos… cuidándote, protegiéndote, viéndote crecer.

Durante la noche venías a mis sueños, siempre en un parque. Yo me sentía feliz porque tú estabas ahí conmigo. A veces me veía sentada en una banqueta, y tú junto a mí en tu cochecito. Otras veces te conducía suavemente, entre árboles y flores, por un camino silencioso. Nunca pude ver tu carita, pero sabía que eras tú, mi niña anhelada, la de las cuatro letras palpitantes en los títulos de mis archivos.

Y no fue solo una vez, pues te repetías como un ensueño deseoso de convertirse en realidad, y hasta despierta soñaba contigo y te imaginaba a mi lado.

Solo sabía que eras tú, aunque por más que lo intentaba tu rostro no terminaba de aparecer. Sabía que eras la bebé que abrazaba fuerte contra mi pecho y a la que le daba calor, la que besaba en la frente y a la que dormía con canciones de cuna. Tú siempre sonreías y yo cada vez más feliz de estar contigo.

Eso visualizaba, porque en ese momento era lo que más quería. Creo que nunca había pedido u orado tanto por algo en mi vida como lo hice entonces contigo. Te sentía de un modo tan profundo, que declaré, con la mayor de mis convicciones, que Tatiana Isabel Picón Páez algún día estaría junto a mí.

¿Cómo lo sabía? No lo sé. Solo sabía que todo mi ser estaba puesto en ti, y no me importaba que aún no existieras porque ya eras parte de mí. Sin conocerme, ya habías entrado en mi corazón y te habías apoderado de él.

Tenía la certeza de que un día todas las visiones de mis noches se iban a materializar, y que el amor y la esperanza tras cada lágrima derramada por el ansia de tenerte nos uniría. Faltaba tiempo aún para que estuvieras en mis brazos, pero ya te albergaba feliz en ellos.

No sería el destino lo que cruzaría nuestros caminos, era Dios quien nos iba a juntar.

¿QUIÉN ES MARÍA ISABEL?

Vengo de una familia humilde, con muchos valores y principios. Mis padres, nacidos en Bogotá, Colombia, emigraron junto conmigo a Venezuela en busca de una vida mejor y nos encontramos con un país hermoso que nos recibió con los brazos abiertos. Yo apenas tenía tres años, así que me considero venezolana de pura cepa.

Amo la geografía que me vio crecer, un país generoso, complejo y vibrante, moldeado por una rica historia y por diversas influencias culturales que se reflejan en la hospitalidad, la afabilidad, la capacidad y la resiliencia de su gente, la misma que nos hizo sentir parte de ellos, de su tierra, de su idiosincrasia.

Creo que por ser una familia pequeña —de solo seis miembros— y estar en un país nuevo, nuestros lazos se hicieron indestructibles. Mis padres nos transmitieron las enseñanzas, los valores y los principios que hoy nos definen y nos caracterizan.

Pedro, mi padre, el mayor de seis hermanos, cuenta que su vida no fue fácil, pero que disfrutó cada momento de ella, aunque desde muy joven asumió muchas responsabilidades. Es un hombre lleno de anécdotas, algunas que a cualquiera le causarían pena y dolor, pero otras demuestran que, en medio de las dificultades, supo encontrar motivos para vivir, reír, disfrutar y agradecer. Tiene la capacidad de convertir una historia dura en un relato lleno de enseñanzas. Feliz y dispuesto, siempre está recordando viejos momentos al son de una buena música, una comidita casera y un licor.

Es un hombre trabajador, con un espíritu que cualquiera envidiaría y que ha sabido darle sentido a cada etapa de su existencia. Con frecuencia dice que el día que muera lo hará con una sonrisa en los labios. Y no me cabe duda de que así será.

De mi madre Elena, la menor de cuatro hermanos, ¿qué puedo decir? Al igual que mi padre, su vida tampoco fue fácil, pero a diferencia de él su dolor nunca encontró una salida. Carga con cicatrices invisibles que se remontan a su niñez. Siempre la sentí como una mujer fuerte por fuera, pero frágil por dentro, pues en lo profundo de su ser sigue albergando tristezas y dolores.

Realmente nunca le he escuchado relatar algo que sugiera alegría en su niñez. Se casó a muy temprana edad, huyendo de las heridas emocionales y en busca de lo que creyó sería su felicidad. Pienso que nunca ha tenido la satisfacción de decir que ha sido verdaderamente feliz, no porque no se le hayan presentado oportunidades, sino porque las sombras del pasado la siguen persiguiendo y robándole la luz de muchos momentos que podrían haber sido hermosos.

Una de las cosas que siempre ha dicho es que lo más bello que la vida le ha dado ha sido su linda viejita María —mi abuelita, su hermana— y el orgullo de tener cuatro hijas. Siempre repite que nosotras somos su razón de ser, y habla de cada una con admiración. Siente un amor intenso y una dicha enorme por lo que representamos en su vida. A diferencia de mi padre, sé que ella no morirá con una sonrisa en los labios.

Mamá, te puedo decir con el alma en la mano que el día que papá Dios decida que ya no estés entre nosotras, puedes partir con tranquilidad y reunirte con tu linda viejita María, porque aquí dejaste un hermoso legado. Te esforzaste por dar lo mejor de ti a tus cuatro hijas. Sé que no fue fácil, pero lo lograste. Y aunque la muerte no venga con una sonrisa en tus labios, sí lo hará con la paz que te da la certeza de habernos formado con amor, coraje y fe. Tu nombre vivirá para siempre en los corazones de quienes te amamos, y te garantizo que los hijos de nuestros hijos también escucharán de ti.

Crecí observando esas dos maneras tan distintas de enfrentar el dolor, uno lo transformaba en recuerdos amenos, la otra lo guardaba en silencio. Y de ambos aprendí. Aprendí que la vida puede ser dura, pero también que cada uno encuentra su forma de sobrevivirla. Aprendí que reír no siempre significa estar bien y que callar no siempre significa estar en paz; pero sobre todo aprendí que detrás de cada historia hay un motivo, un origen y una herida que a veces solo el tiempo o el amor pueden ayudar a sanar.

Tengo tres hermanas. Patricia, la abogada. Superfuerte y decidida. Enfrenta los desafíos con determinación. Es admirable como mujer, honesta, con ética, trabajadora. Su fortaleza y dedicación la hacen destacar y ser una inspiración para quienes la rodean.

Claudia, la del corazón noble y el alma más aventurera. Transmite alegría a quienes la rodean, igual que mi papá. Vive la vida feliz, sin preocupaciones, disfrutando cada momento. Madre excepcional. Definitivamente, la más dulce de todas.

Yany —a quien yo siempre llamo «la bebé de la casa»— es una artista con una sensibilidad especial y de una apreciación única por su delicadeza. Sueña en rosa, azul y colores pastel. Aunque parece la más dulce, ¡créanme que no lo es!, pues tiene un carácter fuerte que la define. Madre ejemplar, muy reservada, llena de dedicación y amor incondicional hacia su familia.

Y yo, María Isabel, la segunda de las cuatro, me considero una mujer honesta con mucho empuje, carácter, disciplina y valentía. La vida me ha enseñado que cuando ella te da limones, haz limonada. Esta expresión, muy venezolana, significa que no importa lo que la vida me presente: siempre estaré lista para afrontar adversidades, vencerlas y salir triunfante.

En mi vida he peleado muchas batallas y ninguna de ellas ha sido fácil; han sido duras, tenaces y me han exigido cuerpo, mente y alma. No obstante, he salido airosa de cada una.

Desde luego, mi cuerpo ya no es el mismo, lleva consigo las marcas visibles de algunas de esas guerras. Son cicatrices que no me avergüenzan; al contrario, cuentan mi historia. Son huellas de lo que he superado, de lo que he vivido y de todo lo que aún soy capaz de enfrentar. Lo digo con orgullo: soy una guerrera. Las cicatrices externas son medallas de victoria; y las internas, simples rastros de lo vivido. Detesto las injusticias. Soy trabajadora y una fiel amante de mi familia.

Siempre he sostenido un eslogan personal: «Cuando hagas algo, hazlo bien, y sé siempre la mejor. Sin importar lo que hagas, da lo mejor de ti».

Desde niña he sido una romántica, una soñadora empedernida, despierta y dormida, imaginaba lo que el futuro me deparaba. Llegar a la adultez me parecía un trayecto muy largo e increíble de recorrer. En mi adolescencia, me visualizaba como modelo porque ellas, al caminar, transmiten seguridad, distinción y elegancia. Me veía desfilar por las pasarelas, luciendo trajes hermosos y viajando por el mundo.

También me hubiese gustado tener voz de cantante, porque me parece hermoso poder expresar a todo volumen —y gritar desde muy adentro—, con tonos armoniosos, los sentimientos de amor, de despecho y de felicidad. Para mí, cantar es una forma muy natural y orgánica de liberar la ansiedad; una terapia sin métodos, una manera de conectar con mi alma y mis emociones más profundas.

Además, en mi infancia tenía muchas otras ilusiones: ser novia, esposa, madre, doctora… ¡Tantas cosas que quería vivir y descubrir!

Por supuesto, y como es de esperar, al igual que toda niña tenía miedos, solo que los míos eran extremos: le temía a la oscuridad, a lo que no se ve ni se toca. Soñaba con monstruos. En las noches me daba miedo estar sola y le pedía a mis hermanas dormir con ellas, o corría a refugiarme directo al cuarto de mis padres.

Recuerdo dos pesadillas en particular que no he podido olvidar a pesar de los años, y no porque me hayan traumatizado, simplemente porque fueron las que más me asustaron.

Era una noche más y, como siempre, me acosté temprano porque al día siguiente había que ir a la escuela. Me dormí y comenzó este mal sueño. Estaba en mi casa, pero unos monstruos querían entrar. Yo gritaba y lloraba, pero al mismo tiempo estaba en la calle recogiendo piedras para lanzárselas con la intención de espantarlos y que se fueran sin hacerme daño. Pero, en lugar de asustarlos, cada piedra que lanzaba se convertía en uno más de ellos, lo que hacía todo aún más aterrador. No importaba el esfuerzo que hiciera, yo corría y trataba de perderlos, pero ellos siempre aparecían en cada esquina o en cada callejón.

Recuerdo que desperté llorando y no quería abrir los ojos. Sentía temor de que pudiera ver a alguno de ellos. Lo único que quería era salir corriendo al cuarto de mis padres, pero me aterraba la idea de que uno de esos monstruos estuviera debajo de mi cama y que me agarrara los pies al ponerlos en el suelo.

Estuve inmóvil por un momento y traté de llamar a mis hermanas para pedirles dormir con ellas. Era un cuarto grande y todas dormíamos allí, cada una en su respectiva cama. Recuerdo que Yany aún no había nacido.

Las llamé a cada una pero, quizá porque mi tono de voz fue muy suave, no me escucharon. Eso me asustó aún más: ellas estaban profundamente dormidas y yo despierta y aterrorizada.

Entonces me llené de coraje, conté hasta tres y salí corriendo al cuarto de mis padres, esperando que la puerta no estuviera cerrada con seguro. Salté a la cama y llorando les dije aterrada: «Por favor, no abran la puerta, los monstruos están afuera y quieren entrar».

Mi madre me calmó, me dijo que no pasaba nada, que solo era una pesadilla. Me arropó y, finalmente, me quedé dormida.

Otro sueño que se repetía siempre era uno sumamente extraño. Yo era la bisagra de una puerta y tenía vida, estaba consciente. Esa es una de las sensaciones más inusuales que he tenido en mis tantos sueños de niña. Les cuento esto y vuelvo a sentir esa misma sensación difícil de explicar. Siempre me he preguntado qué significa, como adulta, trato de interpretarlos, pero cuando era niña no buscaba significados, solo sentía miedo.

Desde pequeña buscaba maneras de trabajar. Creo que nací con espíritu de comerciante y con un gran amor por los animales. Mi familia dice que no soy fácil —que tengo carácter—, pero también que tengo un gran corazón, y eso para mí borra todo lo anterior. Valoro las amistades cuando son verdaderas, y la vida, cada vez que puede, me lo confirma: las amistades genuinas son las que están contigo en los buenos y malos momentos.

Las bases de la familia siempre han sido lo principal para mí, y aunque no sean perfectas, son únicas. Sin una familia uno no está completo. Ella es el lugar donde se aprende lo que es el amor, el amor incondicional. Es donde te aceptan como eres, con tus defectos y virtudes, te acompañan en los buenos y malos momentos de la vida; te cobijan cuando tienes frío y te abrazan cuando tienes miedo. Tus logros también son de ellos.

En familia se aprende lo más importante: amar, respetar, compartir, perdonar, cuidar, confiar, agradecer. Allí encuentras paz, un hombro donde llorar, una palabra cálida cuando la necesitas. Sin importar la distancia, es el hilo invisible que nos une en el silencio y en la ausencia. Es tu casa, el lugar en el que nunca necesitas pedir permiso para entrar. Es la esencia de lo que eres. Yo doy lo que sea por mi familia, la amo con toda mi alma y agradezco a Dios por darme el regalo de ser parte de ella.

Desde que tengo memoria, mi imaginación siempre ha estado muy activa. Recuerdo que en mi infancia imaginaba cómo sería mi vida adulta. Aunque lo veía muy remoto, me cuestionaba entonces sobre si lo lograría: «Tiene que pasar mucho tiempo para eso… Es un largo camino por recorrer».

Eso sí, siempre soñaba en grande: una importante doctora que ayudaba a sanar, viviendo en una casa hermosa, con una bonita familia, hijos y felicidad. Viajando por el mundo convertida en toda una *fashionista.*

Creo que esos son siempre los deseos de toda niña, como en las películas. De hecho, a veces imaginaba que mi vida era una película y que otras personas la estaban viendo, como cuando ves la televisión y piensas que esas personas tienen una vida de verdad. Así pensaba yo, con la pureza y la inocencia de una niña.

En muchos momentos, una de las preguntas que aparecía era si algún día llegaría a ser madre. Es algo que no puedo explicar del todo, pero era un sentimiento que se asomaba durante los juegos con mis hermanas, cuando fingíamos ser papá y mamá de nuestras muñecas. También aparecía cuando ya estaba un poco más crecida y mi mamá viajaba. Yo era la encargada de cuidar a la bebé de la casa —mi hermana menor—, y me tomaba el papel de mamá muy en serio. En cada una de esas ocasiones llegaba ese pensamiento: «¿Y si un día no puedo ser madre?».

No puedo decir que esa idea fuera perturbadora, pues en definitiva solo era una niña cuyas emociones y preocupaciones no entendía del todo, pero sí me intrigaba ese pensamiento. Me parecía fantástico y sorprendente que una mujer pudiera dar vida a otro ser, y en silencio me preguntaba qué se sentía tener a un pequeño ser dentro de ti. Ver la pancita crecer poco a poco: «¿Me dolerá? ¿Me pesará? ¿Tendré dolores? ¿Podré estar con ese peso todo el día? Sobre todo cuando le dé pecho, ¿sentiré dolor?».

¡Qué cosas piensa una cuando es niña! Al mismo tiempo, me parecía devastador imaginar no poder vivir esa experiencia.

He tenido tres experiencias matrimoniales y dos divorcios. Y no podría decir que los divorcios fueron fracasos, no lo veo así. La vida tiene ciclos y cada uno deja un regalo. Fueron experiencias que me hicieron crecer como persona, me nutrieron de vivencias, de momentos únicos, de recuerdos bellos que guardo con cariño.

Cada una de esas relaciones tuvo su propósito, fueron buenos hombres con sentimientos nobles. Estoy segura de que en su momento hicieron lo mejor que pudieron. No guardo rencor por las lágrimas que un día me hicieron derramar, porque también estoy segura de que yo los hice llorar, quizás mucho y en silencio.

Al menos de mi parte, no hay resentimientos, y si fue mi culpa o mi deseo salir de la relación pido perdón. Uno no puede controlar el sentir del corazón, y cuando el lazo del amor se rompe, no hay hilo que lo pueda juntar.

En todo caso, les doy gracias infinitas, pues cada uno de ellos es parte de lo que ahora soy. Guardo las experiencias vividas y los bellos momentos; de los malos ya no me acuerdo. Conservo las mejores anécdotas para contarlas a mis nietos.

La vida te trae personas que se unen a ti con un propósito, aunque tal vez te dejen sabores amargos y tú también a ellos. Nadie es perfecto. Tenemos muchas virtudes, pero también muchos defectos.

Soy fiel creyente de que todo tiene un porqué, que a lo largo del camino entendemos y agradecemos. El paso de ellos por mi vida fue necesario. Cada uno me dejó una huella y, de alguna forma, todos contribuyeron a hacer de mí la mujer que he resultado ser. Esa que aprendió a reconstruirse y a descubrir que los sueños sí se pueden materializar.

Y es precisamente ella quien hoy está aquí para compartir con ustedes un momento muy especial de su vida.

Es probable que la historia se cuente en pocas líneas, pero detrás de ellas hay años de lucha, de esfuerzo constante, de lágrimas y sueños que, en ocasiones, parecían inalcanzables hasta que poco a poco tomaron forma y se convirtieron en realidad.

Para mí es un verdadero milagro, un testimonio de vida que me enseñó a creer en mí misma, a ser más fuerte y crecer a partir de cada experiencia, a vivir mi propia vida, y no la de los demás, ni desde sus miedos.

Tú también eres única. Papá Dios te hizo especial, te creó con amor y luego rompió el molde. Así que activa tu esencia y sé tú a cada instante. Confía en tu naturaleza, honra tus heridas, abraza tus cicatrices y nunca olvides que cada paso, por difícil que sea, te acerca más a quien estás destinado a ser.

Este es mi regalo para ti: la certidumbre de que pese a todo, puedes renacer y brillar con luz propia.

MI PRIMER AMOR

Mi primer matrimonio fue de dos jóvenes que, ahora puedo decirlo, prácticamente éramos niños tejiendo sueños, corriendo y riendo por las escaleras de un edificio… Dos tortolitos, como nos decían.

Teníamos muchas ilusiones y planes, pero al final éramos dos almas sin vivencias, carentes de experiencia. En realidad, fue la inocencia de un par de adolescentes que jugaban a ser adultos, llenos de buenas intenciones y de muchos proyectos, pero sin herramientas para construir y sostener una vida en común.

Fue precisamente en esa etapa cuando recibí un diagnóstico que cambiaría mi vida: una enfermedad crónica llamada endometriosis.

Así comenzó mi largo camino de dudas, de desesperanza ante una posibilidad que se asomaba y que me rompía por dentro: el deseo de ser… y no poder. El sueño de ser madre quedó en suspenso. Nadie podía determinar lo que vendría, nadie podía darme la certeza de que lo iba a lograr.

La preocupación, el desasosiego y el miedo empezaron a apoderarse de mi cuerpo. Vinieron los exámenes, los controles, los ultrasonidos, las opiniones diversas, los tratamientos, uno tras otro… pero el diagnóstico era siempre el mismo.

Poco después llegó la ruptura, un divorcio demasiado doloroso. Sentí una insondable tristeza y me encontré de frente con la soledad, porque esa persona lo era todo para mí. Sentí que estaba derrotada, sola, y entonces volví a encontrarme cara a cara con los miedos, que otra vez se apoderaron de mí. Pero, a diferencia de mi infancia, ya no tenía a mis hermanas para dormir a mi lado, ni el cuarto de mis padres junto al mío, al que podía correr y saltar a su cama en busca de consuelo.

Solo tenía un apartamento… vacío de espíritu, que permanecía con las luces y el televisor encendidos para no sentirme sola y espantar mis miedos.

Claramente, este había sido mi primer amor y, aunque fue un período corto, me dio grandes lecciones de vida; me hizo crecer y me llevó a ver la vida de otra manera. Me llenó de vivencias maravillosas y me alimentó de momentos hermosos y de recuerdos que siempre guardaré con cariño en lo más profundo de mi ser.

¿Será por eso que dicen que el primer amor nunca se olvida? Si no es así, de cualquier manera ese es mi caso. No solo por los sentimientos encontrados al verme en el abandono, sino también por el descubrimiento de que algo no deseado se estaba apoderando de mis ilusiones, de mis anhelos, y eso marcaría mi vida para siempre.

Tiempo después del divorcio vino la primera cirugía. La persona que amaba en ese momento no estaba junto a mí. Solo mi familia estuvo ahí, dándome amor, apoyo, consuelo; cuidándome en uno de los momentos más vulnerables de mi vida. Estaba frágil de cuerpo y también de alma, y aunque no estaba sola, así me sentía. Era como si ese episodio tuviera que enfrentarlo por mí misma.

Hoy entiendo que cada tristeza, cada lágrima, cada desacierto y el abandono me estaban formando, preparándome paulatinamente para hacerme más fuerte. Tenía que estar lista para lo que venía. Por eso siempre digo que todo en esta vida tiene su razón de ser.

Muchas veces, tener la menstruación se siente como algo inhumano con nosotras. Dolor físico: cólicos, hinchazón, dolor abdominal, dolor de espalda, agotamiento, falta de energía... Además, el impacto emocional: cambios hormonales, irritabilidad, tristeza…

Comemos de más y, al mirarnos al espejo, lloramos. Para colmo, lidiamos con productos menstruales incómodos. Nos sentimos incomprendidas, ansiosas; incluso a veces deprimidas. Lloramos sin razón aparente. ¡Todo se convierte en un big deal! Ser mujer es ya un reto.

Entonces, como si fuera poco, aparece la endometriosis, esa mosca en la sopa que nadie invitó. ¿Qué les puedo decir?

¡Endometriosis *sucks*! Todo lo anterior multiplicado por cien. Gracias por llevarme a la sala de urgencias más veces de las que quisiera recordar. Lo único que puedo agradecerte es que, a través del dolor, me acercaste a Dios. *Fue ahí donde mi fe comenzó a crecer.*

ENTRE DOS

Me costó mucho, pero sabía que las heridas que dejó mi primer matrimonio tenían que cerrar. No había tiempo que perder ni espacio para quedarme estancada en el dolor. La prioridad era yo.

«¡Afuera las tristezas, ponte el traje de fiesta! La vida es una sola. Enfócate en ti, sana tu cuerpo. Llora lo que tengas que llorar, grita si tienes que gritar, saca todo lo que llevas en el pecho. Desahógate, libera tu cuerpo, tómate tu tiempo, no te apresures: ese es el proceso de sanar. Pero después… a secarse las lágrimas, a llenarse de energías y pensamientos positivos. ¡A marcar goles! Visualiza tu futuro y ten la convicción de que todo es pasajero. La vida sigue y eres joven. Seguro te esperan más capítulos —buenos y no tan buenos— que sabrás afrontar».

A solas, en silencio, despierta o soñando, siempre le pedía a Dios que me diera la oportunidad de sanar mi espíritu y mi cuerpo. Entonces abrí nuevamente las puertas de mi corazón, las dejé de par en par, sin pensar demasiado, y me pregunté: «¿Quién sería esa nueva persona a quien iba a dejar entrar y permitir que escribiera un nuevo capítulo de mi vida? ¿Cómo deseaba que fuera?».

En ese momento cerré los ojos, visualicé y oré: «Diosito… no estoy desesperada por conseguir al hombre que vas a poner a mi lado, pero, por favor, que sea mayor que yo, divorciado, extranjero y —muy importante— que tenga hijos».

¿Por qué tantas exigencias?

Mayor que yo, porque mi primer esposo —o, como suelo decir, mi primera «administración»— era más joven que yo, y creo que uno de los factores más importantes en nuestra ruptura fue la falta de madurez y experiencia.

Divorciado, para que tuviera más estabilidad emocional y paciencia.

Extranjero, porque soñaba con alguien de mente abierta y aventurero.

Con hijos, para no tener la presión de ser mamá nuevamente. ¡Tenía que protegerme!

Y Dios me escuchó. Puso en mi camino a —Tom—, el hombre que cumpliría mi deseo: mayor, divorciado, extranjero y con hijos.

¡Gracias papa Dios, por escucharme!

CUANDO LO CONOCÍ...

El día que conocí a Tom no fue un día común. Era un sábado de diciembre, un amigo de mi hermana Claudia la invitó a pasar un día en la playa. Él iba a llevar a otros amigos y le pidió que por favor trajera más compañía. Ella pensó en mí.

—María Isabel, vamos a la playa —me dijo sin preámbulos—. Necesitas distraerte, ¿y qué mejor oportunidad que esta? ¿Te animas?

Yo no quería. Apenas me estaba recuperando de una cirugía y pasaba la convalecencia en casa de mis padres. Realmente no tenía ánimos de salir, mucho menos de ir a la playa.

—Tienes más de veinte días sin salir —insistió Claudia—. Estás en recuperación, y es una buena ocasión para respirar aire limpio y cargar energías con el mar. No tienes que nadar, solo siéntate en la arena y disfruta. Además, conocerás personas y empezarás nuevas amistades. ¿Qué dices?

Finalmente, como buena latina, no me dejé rogar mucho.

Así fue como, un día de playa rodeada de personas que no había visto antes, conocí a Tom. Él era nueve años mayor que yo. Eso lo supe después, porque en ese momento no pregunté. Además, tampoco suelo hacerlo porque no es necesario: ellos hablan solitos.

En las típicas conversaciones iniciales me contó que era de Puerto Rico y acababa de llegar; que la empresa lo había transferido a este país, y que lo poco que conocía de Venezuela le gustaba. Me invitó a hacer *snorkel*, pero le dije que no podía nadar porque aún me estaba recuperando.

—No te preocupes —se apresuró a responder—. Yo nado por ti.

Surgieron luego temas inesperados, de esos que no se comparten tan pronto. Me dijo que estaba divorciado y tenía dos hijos pequeños.

—¿Y tú? —preguntó enseguida.

—Divorciada, sin hijos… pero con el anhelo de tener uno algún día.

—Yo tengo dos —respondió—. Con eso es suficiente.

Decía estar bien como estaba y que no contemplaba la posibilidad de un tercero, ya que ser padre requería tiempo, esfuerzo, sacrificio y dinero. Me dejé llevar por la conversación, pero me pareció prematuro hablar de eso en un primer encuentro.

Confieso que ese primer día no me sentí atraída por él, aunque la dinámica fue bastante interesante. Pasaron los días, llegaron las festividades navideñas y nos reunimos los mismos de aquel grupo para compartir las fotos de ese día en la playa. Él viajó a Puerto Rico para pasar las fiestas y yo a Colombia. Cuando regresó se anunció, y desde ese momento comenzó nuestra relación.

Teníamos las mismas bases familiares, pero dos visiones distintas de lo que queríamos. Dos personas honestas con iguales principios, pero distintas formas de pensar.

Creo que la relación empezó porque estábamos solos. Él, recién llegado a un país nuevo; divorciado, sin amistades, con ganas de conocer y disfrutar. Yo solo trabajaba y visitaba a mi familia, sin grandes amistades, con mis hermanas como mejores amigas. Entonces decidimos explorar y divertirnos juntos, sin ataduras ni compromisos.

Así que, pese a que al principio parecía una contradicción, nuestra relación surgió a raíz de la unión de nuestras diferencias y buscando el equilibrio entre lo que éramos y lo que queríamos ser.

Sé que les parecerá una locura, pero a los pocos meses ya estábamos viviendo juntos, disfrutando el día a día sin compromisos ni preocupaciones. Solo los dos, conociéndonos, aprendiendo sin prisas ni expectativas, dejando que el tiempo nos moldeara. Vivíamos el momento, sin pensar en lo que nos depararía el porvenir.

Durante esos primeros meses, él tomaba precauciones para evitar un embarazo, pero con el tiempo entendió que no era necesario, ya que por mi condición médica las probabilidades de concebir naturalmente eran casi nulas. De modo que para él no había riesgo.

Transcurrido un tiempo, llegó el momento en que decidí retomar el sueño de ser madre. Con respecto a este tema, en verdad no esperaba mucho de él y por supuesto se negó, alegando lo que me había dicho aquel día en la playa acerca de no querer un tercer hijo. Entendí sinceramente su punto de vista y expresé mis sentimientos.

Recuerdo con claridad nuestra conversación:

—Yo nunca te obligaré a ir en contra de tus deseos ni de tus sentimientos. Te respeto, y por eso me corresponde a mí decidir. Yo soy la única responsable de mi felicidad.

Ciertamente me sentía muy bien con él, crecía el vínculo que nos unía y era momento de parar y analizar mis sentimientos. Me pregunté cuáles eran mis metas y mis verdaderos deseos en la vida, qué quería de aquella relación y si sería feliz sacrificando lo que tanto añoraba.

"Lo tengo a él —me dije en ese instante—, pero no voy a tener a mi hija. ¿Seré feliz así? ¿Me resignaré a que esa parte de mí muera? ¿Me lo reprocharé el resto de mis días? ¿No dejaré un legado? ¿Me conformaré solo con ser tía?".

Ni siquiera podía ser madrastra, porque ellos no estaban aquí.

"María Isabel, ¿qué quieres en tu vida?", me preguntaba, al tiempo que expresé con firmeza:

—Tom no necesito casarme para tener a mi hija. Tú tienes la dicha de ser padre, no de uno, sino de dos hijos espectaculares. Te quiero a ti, pero quiero todo o nada. Si para ti esto es pedir mucho, me apartaré y dejaré que sigas tu vida. Lo mejor que puede pasar es que nos alejemos. Seré tu novia o una conocida, pero no tu compañera de vida. Te libero de toda responsabilidad. Voy en busca de mi sueño y de mi felicidad. Eso no lo negocio.

—Cumpliré mis deseos contigo o sin ti. Dejaré que mi corazón se abra nuevamente para encontrar al hombre que quiera darme la oportunidad de ser amada, madre, esposa y compañera. Todo o nada. Y si Dios no tiene esa persona para mí, buscaré métodos alternativos. No necesitaré un hombre físicamente a mi lado para hacer realidad lo que quiero.

Pasaron algunos días y en ese silencio compartido nos refugiamos para reflexionar. Reinaba una densa calma, de esas que no hacen ruido, pero pesan. Estaba inquieta, dolida, porque en el fondo sabía que había estado jugando con fuego. Mis sentimientos por él eran profundos, nos entendíamos con una naturalidad que no necesitaba esfuerzo.

Éramos adultos, con mentes abiertas, pero también dos almas que se encontraron sin buscarse. Él ya era parte de mi familia y, sin darme cuenta, también de mi vida. Todo marchaba mejor de lo que jamás imaginé. Solo un pequeño —aunque contundente— detalle amenazaba con separarnos. Y entonces, mientras seguía intentando descifrar mis emociones, Tom me sorprendió. Me pidió que nos casáramos, y lo dijo con una honestidad que me desarmó. Me quería, y estaba dispuesto a dejar a un lado lo que había dicho aquel día en la playa.

En dos semanas esto fue lo que hicimos: una celebración íntima y sencilla, pues no necesitábamos una gran fiesta para formalizar nuestra unión; solo deseábamos que las personas que nos querían compartieran ese momento con nosotros.

Estábamos muy felices. Habíamos tomado decisiones importantes que cambiarían por completo nuestras vidas. Íbamos a comenzar una nueva familia y con eso él me demostraba el amor que sentía por mí.

Me había comprendido, me apoyó y lo hizo sin condiciones, aceptando ser papá de nuevo y recorrer ese camino sin saber a qué nos enfrentábamos. No teníamos idea de las dimensiones de las piedras que íbamos a encontrar.

TRABAJO

Creo que siempre he tenido bastante claro lo que quería en la vida, y una de mis tantas aspiraciones era ser doctora. Desde pequeña, cuando me preguntaban qué quería ser cuando fuera grande, yo sin dudar respondía: "¡Doctora!". Y cuando me repreguntaban qué tipo de doctora, a veces decía ginecóloga y otras veces pediatra. Lamentablemente, ese fue uno de los deseos que no pude cumplir. Estudié medicina, pero no pude culminar la carrera. Por diversas circunstancias personales, y por la situación del país en el que vivía, tuve que desistir. Estudié Análisis de Sistemas y me gradué, pero no era lo que realmente me llenaba, yo quería estar en los hospitales. Amaba ese ambiente, quería ayudar a sanar niños o traerlos al mundo.

Estuve trabajando como analista de sistemas un par de años, pero al declararse en quiebra la compañía, me quedé sin empleo. No obstante, y aunque suene contradictorio, eso fue lo mejor que me pudo pasar. Era mi oportunidad para incursionar en lo que siempre me había interesado, el ambiente médico, el mundo de los hospitales.

La profesión de visitador médico me llamaba la atención, era una puerta de entrada al ámbito de la salud sin ser doctora, y en ese momento era exactamente lo que deseaba. De manera que me animé y compré el periódico —en ese entonces no había internet y muchas ofertas de trabajo se encontraban por ese medio—. Me senté en una de las sillas del comedor, cerré los ojos y oré.

"Aquí estoy, papá Dios, buscando trabajo con el corazón abierto y la fe intacta. Que se haga tu voluntad, porque tú sabes mejor que nadie lo que realmente necesito. Si tienes por ahí un puesto de analista de sistemas en este periódico, yo lo tomo con gratitud, pero si se trata de visitador médico… ¡ay, mi Dios!, te estaré agradecida toda la vida. Lo que tú decidas, lo acepto, pero no olvides que el de visitador médico es el que me tiene ilusionada".

Tomé el periódico, abrí la primera página, y ¿qué creen que estaba escrito en ella? Una vez más, papá Dios se había manifestado. ¡Qué alegría, un laboratorio solicitaba visitadores médicos!

Al terminar de leer el anuncio sobre el puesto de trabajo, ya lo había declarado mío. Le di gracias a mi Diosito por escucharme una vez más.

Aunque parezca que me he desviado del curso de la historia, no es así, pues todo está conectado. Presten atención y ya sabrán por qué. Dios sabe cómo hace sus cosas, y todo en esta vida sucede por alguna razón. Solo hay que creer, y tener fe.

LA FE MÁS ALLÁ DEL CUERPO

Al poco tiempo de casarme con Tom, conseguí mi nuevo trabajo como visitadora médica y recomencé la lucha por quedar embarazada.

Durante los primeros años de esta etapa, pasaron muchas cosas. Se derramaron muchas lágrimas, especialmente cuando me visitaba la fulana mensual. Bueno, no tan puntual, recordemos la endometriosis, concebir... ¡Qué difícil!

¿Qué sentía cuando la consabida me visitaba? ¡Mucha rabia y dolor! ¡Dios mío, cuánta frustración!

"¿Qué estoy haciendo mal? ¿Qué es lo que Diosito quiere para mí?", me preguntaba.

Sin embargo, aunque atravesaba momentos difíciles, cargados de impotencia, llanto y tristeza, me tomaba mi tiempo para reflexionar. "María Isabel, la vida sigue", me alentaba. Secaba mis lágrimas, ¡y a continuar!

Uno sigue acariciando ilusiones porque eso nadie puede prohibírtelo. ¡Nadie puede cortarte las alas para impedirte volar, ni restringir tu voluntad de emprender lo que te puede hacer feliz! Eres dueña de tu destino porque tienes la capacidad para trazar el mapa de tu vuelo. Nada puede suprimir ese poder.

Nunca protesté. Jamás pregunté por qué, solo guardaba silencio con el alma hecha pedazos y la esperanza a medias, pero sin perder la fe ni el optimismo frente a mi determinación.

Lógicamente, no puedo negar que en más de una ocasión llegué a pensar que quizá no estaba destinada a ser madre, que tal vez lograra quedar embarazada, pero perdiera a la bebé o esta naciera sin vida; incluso que al dar a luz partiera yo de este mundo y ella por fin viniera a él, pero sin mí. Y lo peor era que si eso ocurría, definitivamente yo no sería la madre de TIPP.

No utilizaba anticonceptivos, me sometí a dos cirugías debido a la endometriosis, a fertilización asistida y a un tratamiento in vitro. Todo sin resultados.

Entonces Tom me sugirió que dejara el trabajo y me quedara en la casa nueva que habíamos comprado cerca de la playa, a dos horas de la ciudad, trayecto en el que todos los días teníamos que conducir. Lo hizo para despejar mi mente y ocuparme en otras cosas. En ese momento estábamos haciendo remodelaciones en la casa, y me pidió que yo personalmente me encargara de todo. Así lo hice, a pesar del miedo que me daba no trabajar, pues desde temprana edad lo había hecho.

Para no extenderme en este tramo de mi vida, porque es otra historia que contar, solo diré que fue una de las etapas más fabulosas e inexplicables que viví en ese tiempo. Encontré un poco de paz emocional —pensaba que eso era justo lo que necesitaba para sacar de mi mente la ansiedad de ser madre—, mi espíritu se nutrió de más amor y repartí pedacitos de él a mis bebés: dos guacamayas, siete loros, un venado, un chivito, muchas gallinas, conejos, gansos, patos, un monito, tres pastores alemanes, una basset hound llamada Sacha y, por supuesto, la más consentida, ¡mi Nube! una yorkie.

Puedo asegurar que ellos me llenaban, y con la vida que tuve junto a mis fieles e incondicionales amigas Lilian y Gloria, amadas e inolvidables, el dolor de no ser mamá se suavizó bastante. Eso me permitió "anestesiarme" por un tiempo. Además había conseguido un trabajo que ustedes no podrían adivinar, y que en mi vida jamás pensé tener.

En ese tiempo llegó otro anuncio de cirugía en los ovarios, debido a quistes causados por la endometriosis —gracias de nuevo, endometriosis—. Mi hermana Claudia, que en ese momento vivía en Malasia, me comentó sobre un doctor chino que practicaba la medicina natural. "¡Es superbueno!", me decía.

Me recomendó viajar para verlo, pero no pude, así que ella le habló sobre mi caso y él estuvo de acuerdo en tratarme a larga distancia. Me envió tres bolsas repletas de raíces, cortezas de árboles, diversos tipos de hojas y hasta pequeños insectos (que quizá provenían de las mismas hojas).

Las instrucciones eran tomar el contenido de una bolsa, ponerlo a hervir en una olla de barro, y cuando ese líquido se redujera aproximadamente a unas ocho onzas, dividirlo en tres tomas. Debía repetir lo mismo con las otras dos bolsas.

Al comunicarle al doctor la culminación de esa fase, inmediatamente me envió unas pastillas negras pequeñitas que debía tomar hasta que se acabaran. Cuando veía de cerca esas pastillitas y trataba de desintegrarlas, notaba que estaban hechas de raíces o algo parecido.

Desde luego, seguí las instrucciones al pie de la letra, y esperé un mes. Visité a mi doctor, quien estaba esperando que yo fijara la fecha de la cirugía. Al examinarme, el asombro fue inocultable.

—¡María Isabel, ¿qué hiciste?!

—No sé lo que hiciste —se respondió él mismo—, pero lo que sea que haya sido, ¡síguelo haciendo! No tienes que fijar una fecha, porque no hay nada que operar.

¡Dios, qué dicha!, yo estaba supercontenta. "Tal vez se fue... ¡Adiós, endometriosis!" —pensé—, no te voy a extrañar".

Pasaron unos cuantos meses, la fulana llegaba puntualmente, esta vez sin dolor, y yo pensaba que a lo mejor esta vez sí iba a funcionar, que al fin quedaría embarazada. Sin embargo, no hubo señales de embarazo.

—María Isabel, no es que ya no tengas endometriosis —me aclaró el ginecólogo—. Es que todos los síntomas son mucho más suaves. No hay quistes, pero no sé si puedes quedar embarazada de forma natural.

Ante esta decepción, quise intentarlo de otra manera, nuevamente un in vitro, pero esta vez en Colombia. Viajamos con la esperanza de que técnicas más avanzadas pudieran ayudarme… Regresé vacía de cuerpo. Más lágrimas, más tristezas.

Poco tiempo después, quisimos regresar a la ciudad, pues Tom ya estaba agotado de manejar todos los días por el largo recorrido. El viaje se había vuelto demasiado estresante tanto para mí como para él. Esa etapa cerró el capítulo de nuestra vida en la playa que, aunque corto, dejó huellas intensas.

Lilian, mi querida amiga veterinaria, tenía una finca en la misma ciudad y se encargó de todos mis pequeños bebés. Gracias a ella, pude disfrutar con tranquilidad de esa vida de campo en la playa, rodeada de todos los animalitos que me dio con tanto cariño. Cada uno ellos fue un fruto de su generosidad.

Solo mi adorada Nube vino conmigo, fue la única que pude traer porque nos habíamos mudado a un condominio y no era posible traer a los demás. No fue fácil, pues esos animalitos me dieron paz, compañía y alegría. No obstante, me tranquilizaba saber que con Lilian estarían bien cuidados, en un espacio seguro y con total afecto.

Nube había sido mi perrita fiel y yo no la desamparaba. Íbamos a todas partes —hasta a los restaurantes y al cine—, y nadie la notaba. Era incondicional, discreta y siempre presente.

Durante esta transición, junto con mi hermana Patricia comencé mi propia empresa, All Medical, una distribuidora de productos médicos y farmacológicos, muchos de ellos relacionados con los que ya había trabajado en mi primera experiencia como visitadora médica.

Fue una oportunidad muy especial, no solo por lo que significaba ese nuevo proyecto, sino por emprenderlo al lado de mi hermana mayor, una mujer inteligente, de grandes fortalezas, 200 % honesta y mi sempiterna compañera de negocios. Sin ella, la empresa no se habría mantenido ni perdurado 19 años, período en el que fue el soporte financiero de nuestra familia y de otras que tuvimos el privilegio de conocer e integrar a la comunidad de All Medical.

Como pueden ver, yo siempre me mantenía ocupada, y no solo por vocación, sino por necesidad, porque de lo contrario habría enloquecido entre la desesperanza por no poder embarazarme y el desaliento por no tener una ocupación.

El deseo continuaba latente, por lo que, entre una cosa y otra, optamos por un nuevo in vitro. Surgieron alternativas, como el uso de óvulos donados o un vientre alquilado (gestación subrogada), métodos que ya se estaban practicando, pero no eran tan comunes o ampliamente aceptados porque estaban rodeados de incertidumbres, debates éticos y restricciones legales.

Consideré pedir ayuda a Yany, mi hermana menor, quien entonces vivía con nosotros. La invitamos a cenar y, en medio de la conversación familiar, abordamos el tema, extremadamente delicado, pero crucial para mí. Con toda la humildad del momento, le preguntamos si podía donar sus óvulos para ser inseminados con el esperma de Tom, y así prepararme para el tratamiento in vitro.

Su juventud la hacía ideal desde el punto de vista médico; lo que indicaba que sus óvulos probablemente estaban sanos, y eso aumentaba las posibilidades de éxito. En un gesto sublime de solidaria generosidad, desprendimiento, nobleza y amor, ella aceptó. Habría sido aún más efectivo si ella hubiese prestado también su vientre, pero jamás se lo habría podido pedir. Tenía apenas 22 años y era impensable hacerla atravesar semejante sacrificio en plena juventud.

¡Te amo, hermana bella! Te amo con toda mi alma porque fuiste capaz de entender mi sufrimiento y porque quisiste entregarme el regalo más hermoso que una persona puede dar a otra. ¡Te amo y te amaré toda la vida, Emilse!

E*ternamente te agradezco el amor que sientes por mí.*

M*omentos que marcaron mi vida para siempre.*

I*nmensa gratitud por el sacrificio que estuviste dispuesta a hacer por mí.*

L*o guardé en mi corazón como uno de los ofrecimientos más limpios y puros que*

S*olo una persona como tú puede ofrecer.*

E*scuchaste mis llantos, sentiste mis tristezas y quisiste aliviar el dolor.*

Al finalizar el tratamiento de estimulación de ovarios, se obtuvieron cinco óvulos, y tres de ellos fueron viables para la inseminación. En esos días viví un torbellino de emociones. Había esperanza, pero también precaución. Cada consulta médica, análisis y espera del resultado me conectaba con la indescriptible necesidad de ser mamá. Y aunque al final tuve otra decepción, algo en mí había cambiado. En efecto, hubo un derrumbe total, mucha devastación, una oscuridad prolongada, pero sentí la férrea convicción de que había un propósito mayor detrás de lo que me estaba sucediendo.

Obviamente, no podía entenderlo completamente, pero acepté que tal vez el camino hacia la maternidad no sería biológico; que quizás había otra manera de encontrarme con mi hija TIPP y que en esa forma ya me estaba esperando.

"¿Qué debo hacer?", le pregunté con el alma a papá Dios.

Y entonces lo sentí, o acaso lo entendí en lo más hondo de mi ser: mi cuerpo no está hecho para engendrar, pero mi corazón sí está hecho para amar, y para amar intensamente, sin condiciones. Hay tantos niños sin padres, con miles de injustas probabilidades de crecer sin un hogar. Tantos corazones pequeñitos carentes de amor, de seguridad, de una presencia y una voz que les diga:

Aquí estoy para amarte con un amor irrestricto.

Para darte calor cuando tengas frío.

Para secar tus lágrimas cuando llores.

Para hacerte reír cuando estés triste.

Para aconsejarte con sabiduría cuando estés incorregible.

Para enseñarte a diferenciar entre el bien y el mal.

Para formarte en valores y principios de familia.

Para festejar tus triunfos.

Para consolarte y estar junto a ti cuando sientas que has fracasado.

Al mismo tiempo, tantas mujeres sin hijos deseando tenerlos. Con los brazos abiertos para rodearlos de amor, mientras otras, por las razones que la vida les haya dado, realizan actos que me cuesta comprender, pero no me corresponde cuestionar. Desde donde yo estoy, lo que veo me duele porque sé lo que es desear un hijo que no termina de llegar. ¡Qué contradicción tan grande y dolorosa!

Mucho más que biología

Mi singular condición me hizo entender que el cuerpo tiene sus propios ritmos y límites, que no siempre la voluntad es suficiente para cambiar lo que la vida te tiene reservado. Aprendí a escuchar las señales y a respetar sus mensajes; a aceptar que algunas batallas no se ganan luchando contra la naturaleza, sino abrazándola con humildad.

Dios, con su infinita sabiduría, me mostró que el amor puede crecer y multiplicarse de formas inesperadas, y que su capacidad de amar va mucho más allá de la biología.

Muchas personas pensarán que fue un proceso doloroso no poder ser madre biológica. En realidad, lo doloroso en verdad es vivir el proceso tras cada intento. No ser madre biológica no lo fue. Yo soy madre. No lo sentí, no lo siento y jamás sentiré duelo alguno por no haber sido madre de forma biológica. Para mí no hay diferencia, el amor es el mismo. La única diferencia que puedo reconocer es que no estuvo en mi vientre y no experimenté los dolores de parto. Así que no hubo duelo por lo que pudo haber sido y no fue.

A las madres biológicas que leen estas palabras les pregunto: ¿Les afectan a ustedes las tristezas de sus hijos? A mí también. ¿Sienten sus alegrías? Yo las siento. ¿Suelen soñar y pedir lo mejor para ellos? Yo también lo hago. Solo con escuchar el timbre de su voz, sé cuál es su estado de ánimo. Siento un vivo desasosiego cuando ha salido y no sé dónde está. Sus angustias son igual mías.

¿Han soñado alguna vez que sus hijos están enfermos, que tienen fiebre, y ustedes despiertan con una gran turbación porque su sueño fue muy real? A mí me ha pasado.

Una vez estuve de viaje por unos días. Era un viaje organizado por la compañía donde trabajaba Tom. Cada año hacían estas reuniones, ellos asistían a sus conferencias y nosotras, las esposas, disfrutábamos de actividades de entretenimiento, diversión y shopping. Lo hacían como una forma de agradecimiento por nuestro apoyo y colaboración.

En verdad, yo no quería ir a ese viaje. Sería la primera vez que dejaría a la niña, quien solo tenía cinco meses. Pero el jefe de Tom insistió mucho, me lo recomendó con tanta seguridad, diciéndome que me haría bien despejarme un poco. Incluso me ofreció la posibilidad de llevarla conmigo, pero me negué. Sentí que si aceptaba, estaría dejando la puerta abierta para que en los años siguientes todas las esposas llevaran a sus hijos. Yo tenía que dar el ejemplo.

Tanto insistió que terminé cediendo y dejé a la niña al cuidado de mi madre. Créanme, fue muy difícil. Ella tenía solo cinco meses… y era la primera vez que me separaba de ella.

Esa primera noche la soñé. Ella estaba enferma y tenía fiebre. Eran las dos de la mañana cuando abrí los ojos, sobresaltada.

—Tom, Tati está enferma, tiene fiebre —le dije a Tom, despertándolo—. Lo siento en mi corazón. Ese sueño fue muy real.

—No te preocupes —respondió él medio dormido—, es solo un sueño. Duerme y llamas cuando amanezca.

Por supuesto, no pude volver a dormir, pues la sensación era tan intensa que no lograba calmarme. No podía esperar a que amaneciera. A las seis de la mañana no aguanté más y llamé.

—No te preocupes, todo está bien —contestó mi madre con voz tranquila.

Pasaron unas horas, el sueño seguía presente y la angustia no se iba. Volví a llamar.

—Por favor, dime cómo está Tati. Soñé que estaba con fiebre.

—Ahora está bien —confesó mi madre finalmente—. Solo tuvo fiebre a las dos de la mañana, pero ya está mejor.

Eso es tener una conexión muy grande con tu hija. Ahora les pregunto una vez más, ¿realmente me estoy perdiendo de algo por no ser madre biológica? ¿Alguien puede explicarme, con toda franqueza, cuál es la diferencia?

Yo sé cuándo está mal y cuándo está feliz porque hay presentimientos y zozobras que se sienten en el alma. En lo que a mí respecta, existe una manifiesta conexión, aunque no sé cómo explicarla.

Nunca he etiquetado a mi hija con la frase "ella es adoptada", pues para mí los hijos no se rotulan. Y si alguna vez lo hiciera, sentiría que no soy verdaderamente una madre y no merecería que ella me llamara mamá. Al menos así lo siento.

Ya les he dicho que siempre pedí a Dios que me permitiera ser madre. Tenazmente confié en que él lo haría posible, y que si mi bebé no podía formarse, desarrollarse, alimentarse y crecer en mi vientre, solo él sabía la forma que mejor me convenía y lo haría a su manera: me la entregaría mediante un ángel.

Con su inefable sabiduría me mostró que el amor puede formarse, crecer y multiplicarse de formas inesperadas y que el corazón siempre tiene la potestad de amar pese a lo que establece la biología.

YO NO ESCOJO, DIOS SÍ

Con el paso de los días, llegó el momento de conversar con Tom. Tenía que hablarle sobre lo que ya era obvio, que mi cuerpo no daba más. Mental, física y espiritualmente ya no podía seguir nadando en contra de la corriente.

—Tom, necesito que me apoyes una vez más. Quisiera encontrar a TIPP. Sé que ella me aguarda en algún lugar. Por favor, como tantas otras veces, dime que sí, dime que me apoyarás.

Y no era que Tom estuviera renuente, solo preocupado y lleno de incertidumbres. Me contestó con una pregunta.

—¿Qué pasa si digo que sí, que te apoyo, y resulta que la niña está enferma? ¿Y si tiene síndrome de Down, epilepsia o cualquier otra condición?

Bueno, también le preocupaba que fuera de color. No porque fuera racista, sino porque sabíamos que algún día viviríamos en Estados Unidos. Él, puertorriqueño, más blanco que la leche y con ojos azules, pensaba que eso podría afectarla, que en el colegio la hicieran sentir diferente y que eso influyera en su desenvolvimiento, en su vida.

A mí no me preocupaba nada de eso. Si era de color, ¿qué importaba?, menos a una colombo-venezolana, que si Diosito me hubiese dejado un poco más en el horno sería mucho más morenita.

—Mira, Tom, nosotros no vamos a ir a un supermercado de bebés donde tendremos una gama para escoger. "Ah, me gusta este porque es blanco", "este porque es más trigueño"; "este no, porque es amarillo y tiene los ojos rasgados... cabello liso, curly, rubio, moreno, nariz grande, boca pequeña..." ¿A quién le importa eso?

Yo no escojo, papá Dios escoge por nosotros. Lo único que sé es que él tiene una niña destinada para nosotros dos, que será inteligente y brillará con la luz con que la Providencia la dotó.

En este punto, la ilación de mi historia me lleva de nuevo a Venezuela, un país bello, lleno de riquezas naturales y gran diversidad cultural. Sus paisajes impresionantes —como el Salto Ángel, la cascada más alta del mundo— son testimonio de su majestuosidad. Su gente es conocida por su calidez, la hospitalidad y el arraigo profundo a la vida, la tradición y los vínculos con sus seres queridos.

Sin embargo, los años 90 fueron una época muy difícil para los niños en situación de calle. Fue una generación marcada por el abandono institucional, la pobreza extrema y la lucha diaria por sobrevivir sin oportunidades reales. Lamentablemente, muchos repitieron en la adultez ese ciclo de exclusión.

En medio de esa realidad, no era poco común que algunas mujeres que ansiaban tener un bebé acudieran a los hospitales públicos con la esperanza de hallar lo que, por diversas circunstancias de la vida o de su propia naturaleza, se les había imposibilitado. Algunas madres, por razones personales, sociales o económicas, dejaban allí a sus bebés, confiando en que las instituciones se encargarían de ellos y que esos niños tendrían una vida mejor que la que ellas podían ofrecerles.

En mi camino hacia TIPP, el trabajo tuvo mucho que ver —¡yo diría que todo! —, porque, como ya les conté, mi labor me conectaba directamente con hospitales públicos y privados, y estaba en contacto permanente con doctores de diferentes especialidades. Eso me permitió construir relaciones muy cercanas con varios de ellos.

Yo visitaba asiduamente una clínica privada, una de las más grandes e importantes de la ciudad, que requería con frecuencia de mi atención. Por allí pasaba casi a diario, promocionando y monitoreando mis productos.

Un día, como cualquier otro, mientras explicaba detalles sobre uno de mis equipos a la doctora Sofía, pediatra del área de neonatología, llegamos —no me pregunten cómo ni por qué— al tema de mi infertilidad. Al compartir con ella mis anhelos maternales, noté que me escuchaba con atención.

—¿Has intentado los métodos in vitro? —me preguntó.

—Sí. Ya llevo tres intentos más una inseminación intrauterina. Tras esos esfuerzos, me he dado cuenta de que mi cuerpo no está hecho para engendrar y no quiero someterme a más estrés. Creo que mi humanidad no aguanta más.

—He elegido la alternativa de adoptar —continué—, pero no sé qué hacer ni por dónde empezar.

—Yo también trabajo en el hospital público de la ciudad —intervino ella—, por lo que te recomiendo que vayas a Fundamenores, que es la entidad correspondiente. Ellos te darán las planillas que debes llenar, y de seguro te guiarán en todo el proceso. A partir de allí tu expediente estará abierto y empezarás el proceso de adopción.

—Mientras tanto, pasa por el hospital y habla con la jefa de enfermeras del área de neonatología. Preséntate y comunícale tu deseo.

Fue entonces que me enteré que, aunque no es frecuente, algunas mamás dejan a sus bebés en los hospitales por razones que jamás se conocen. Lo hacen bajo el anonimato. Simplemente dan a luz y desaparecen. Otras veces, una madre muere y no hay familia que reclame al recién nacido. En ocasiones hasta los dejan en las puertas de estas instituciones o sobre cualquier banca.

Ahí también comprendí que la vida tiene dos caras, y que en medio de momentos muy difíciles —sin entrar a discutir los motivos que hayan tenido— esas mujeres tuvieron un atisbo de sensatez al dejarlos en lugares donde al menos recibirían cuidados básicos, y desde los cuales más adelante podrían ser trasladados a los centros encargados de los procesos de adopción.

¡Qué bien!, en medio de lo malo, porque también hay mujeres insensibles que los abandonan en basureros o los dejan a la intemperie, con todos los peligros que esto implica. Muchos de esos niños mueren sin haber tenido ni siquiera una primera oportunidad. Es triste, pero esa es una realidad en mi país y en otros tantos más.

—No te estoy diciendo que ahí encontrarás lo que estás buscando —puntualizó la doctora Sofía, en tono de sinceridad—, pues estos casos no son tan frecuentes, pero es muy probable que logres percibir una pequeña luz.

Transcurridas unas cuantas semanas, me acerqué hasta el hospital público, como me lo había recomendado la doctora y me presenté ante la jefa del área, una mujer sensible y con una energía bastante suave que de por sí ya explicaba por qué era merecedora de esa posición en un departamento tan especial.

Le conté mi historia, que escuchó con atención.

—Puedo entender por lo que estás pasando —me hablaba con empatía—. Yo soy madre, y lamento profundamente que estés viviendo esta situación. Lo mejor que puedo hacer por ti es recomendarte que abras tu expediente. Este proceso debe hacerse directamente a través de las organizaciones correspondientes. La diferencia es que estos niños podrían estar favorecidos y la transición quizás será más rápida. Pero debo decirte que estos casos no son frecuentes, y no puedo garantizar absolutamente nada.

—También te recomiendo que pases de vez en cuando, porque así como tú estás aquí hoy, hay señoras con iguales necesidades y con la misma esperanza de encontrar al bebé que tanto quieren. Esto no es lo habitual. Yo diría que, si llega a darse, será extraordinario.

Después de esa visita, mi vida continuó. No llamé, no hice citas para empezar los trámites de adopción. Me detuve a pensar en lo difícil que resultaría ese proceso, y creo que en ese momento lo vi todo imposible de alcanzar. Desistí y escondí esa esperanza.

Me aboqué por completo a mi trabajo y a mi vida con Tom. Creo que me refugié y me escudé tanto en lo cotidiano para no dejar espacio a pensamientos que me dolían. Seguí con mis rutinas y traté de sacar de mi mente todo tipo de emociones relacionadas con la infertilidad.

Tom y yo no volvimos a tocar el tema. Pasaban días y meses, y la vida continuaba. Él en su trabajo, yo en el mío. Nos entreteníamos con nuestros hobbies los fines de semana. Él jugaba golf y yo empecé clases, porque, a decir verdad, no era tan mala en ese juego. También íbamos mucho a la playa y compartimos más tiempo con la familia.

Un domingo 17 de agosto, tras un largo día, me senté en el sofá a descansar. En ese instante tuve una especie de despertar, como si saliera del letargo en el que había estado todos esos meses. Aquella desazón que yo conocía tan bien volvió de repente. Tuve una sensación de dolor en el pecho, y respiré antes de reflexionar.

«María Isabel, ¿dónde dejaste tu aspiración de ser madre? ¿Por qué ocultas tus sentimientos? ¿Dónde quedó tu perseverancia? ¿En qué paraje sombrío quedó abandonada tu fe? ¿Qué estás esperando?, Diosito no va a venir a tocar a tu puerta y decirte: "Mira, abre los brazos, aquí está TIPP, tu bebé". No, él no va a hacer eso. Tú tienes que salir y hacer lo necesario para alcanzar tu propósito. Dios te va a guiar, caminará contigo, te mostrará el rumbo que has de tomar; pero debes demostrar que lo que quieres nace de un sentimiento puro y que no hay vuelta atrás».

Lo llamé.

—Tom, siéntate a mi lado. Necesitamos conversar. Siento que debemos retomar el tema de la adopción. Es ahora o nunca. Ya tengo 32 años y tú 41… No quisiera esperar más tiempo. Sé que quizás pensaste que la llama que llevaba dentro se había apagado; o tal vez que ya me había resignado. Pero no, no es así. Me gustaría comenzar el proceso de adopción, que no sé si será largo y complicado, pero si no empezamos ahora, ¿cuándo será?

Él me escuchó y volvió a condescender. No estoy segura de si realmente esperaba que esta vez todo se hiciera en realidad. Tal vez pensó que nunca iba a suceder y por eso aceptó de esa manera tan incondicional. O quizá porque, a esas alturas de la situación, habría considerado que igual sería padre por tercera vez, aunque no como lo había imaginado.

Decidí entonces que no habría más esperas, que iría directo en busca de mi sueño.

«Mañana lunes me levantaré muy temprano y, antes de comenzar mi rutina de trabajo, pasaré por la oficina gubernamental y abriré mi expediente».

No sabía exactamente qué documentos iba a necesitar, pero tomé mi partida de nacimiento y la de Tom; el documento que demostraba su residencia legal en el país y nuestra partida de matrimonio. Con esos pocos papeles al menos podría dar inicio al trámite.

LUNES

No sé por qué me ha costado tanto empezar a relatarles este día. Debe ser porque lo que vino luego fue tan inesperado y repleto de sentimientos encontrados, que me fue difícil ponerlo en palabras. Aquellos fueron días de emociones confusas, una especie de montaña rusa de sensaciones que ondulaban sin avisar.

¿Qué estaba pasando? Pues que el universo estaba conspirando a mi favor y aguardaba para sorprenderme cuando menos lo esperaba. Fue como un terremoto que sacudió todo, pero en lugar de destrucción trajo una lluvia de bendiciones, un amanecer más brillante y una esperanza reverdecida.

Era un lunes cargado de energía: un sol ardiente, el canto de los pájaros, el bullicio del tráfico. La ciudad renació por obra y gracia de sus habitantes, y yo me levanté con el ánimo restituido y con mayor determinación. Sin pensarlo demasiado, me arreglé, tomé mi cartera, los documentos que había reunido y las llaves del carro. Antes de salir, me encomendé a Dios: «Que se haga tu voluntad».

Dirigiéndome a la oficina gubernamental de Fundamenores, en el trayecto invocaba que me recibieran porque no tenía cita previa. La decisión de iniciar la apertura del expediente la había tomado apenas el día anterior. Aquella era mi primera visita, sin avisar, sin protocolos, sin saber si me atenderían. Iba con la esperanza viva, confiando en que Dios abriría las puertas.

Por fortuna, me atendieron muy bien y me pusieron en contacto con una señora llamada Elizabeth, muy cortés, simpática y accesible. Sin poner ninguna objeción, me ayudó a abrir el expediente y me entregó una lista con los requisitos que debía presentar para completar el primer paso.

Salí de aquella oficina alrededor de las 9 a. m. Me sentía aliviada y muy contenta de saber que ya había dado el primer paso. Tenía muchas expectativas. ¿Cuánto tiempo podría durar este proceso? No lo sabía, pero había escuchado que los trámites podrían ser muy largos. En esa época, los procesos burocráticos en muchos países latinoamericanos eran bastante complicados. La burocracia no solo era lenta, sino que muchas veces se enredaba aún más por los intereses de las partes involucradas en los procesos.

Entiendo que era necesario cumplir con ciertos requisitos legales, que había que proteger los derechos del niño y que todo debía hacerse de manera muy responsable. Pero también es cierto que tanta demora causaba angustia y frustración, no solo en quienes como yo pretendíamos formar una familia, sino sobre todo en los niños, muchos de ellos recién nacidos, que en silencio esperaban sin saber lo que el destino les tenía preparado.

Eso lo pensaba mientras iba camino a mi trabajo. Ese día pasaría por la clínica que les mencioné antes, pues quería revisar los inventarios de mis productos, asegurarme de que todo marchaba bien, saludar a los médicos y seguir con la jornada.

Cuando llegué a mi sitio de trabajo, fui directamente al ascensor. Debía empezar mi rutina en el departamento de compras, que se encontraba en el tercer piso. Llamé al ascensor y, al abrirse las puertas, salió la doctora Sofía, quien me vio con asombro.

—¡María, qué bueno que te estoy viendo! —me dijo efusivamente—, estaba pensando en ti. Ya estaba lista para tomar el teléfono y llamarte.

—Hola, doctora, ¿cómo está? ¡Qué bueno! ¿En qué le puedo servir?

—¿Abriste ya tu expediente en Fundamenores? —preguntó, mirándome fijamente.

Le contesté que sí, que precisamente venía de abrirlo.

—Qué buena casualidad, porque te tengo una noticia. Hay una bebé en el hospital, ya tiene varios días allí y nadie la ha reclamado.

Yo estaba en shock, casi sin poder hablar, no podía creer lo que mis oídos estaban escuchando.

—¿De verdad?, no lo puedo creer. ¿Cómo está Tatiana? —me apresuré a decir.

—No me preguntes cómo está ni cómo es, porque aún no he podido verla. Mañana es cuando la voy a examinar.

Yo me quedé sin palabras. El corazón casi se me paralizó y sentí un oleaje de sensaciones recorriéndome el cuerpo.

—Búscame mañana —me indicó Sofía—, a las nueve de la mañana, en el hospital. Allí te puedo dar más información.

—Sí, mañana iré a las nueve a conocer a mi Tati.

Así quedamos. Fue una conversación corta, pero para mí estremecedora.

«¡Qué emoción!, Dios mío, no lo puedo creer. Apenas ayer decidí empezar a canalizar lo necesario para llegar al encuentro de mi bebé, y hoy Dios se ha manifestado. ¡Qué generoso eres, mi Dios! Te amo con todo mi ser».

En ese justo momento comenzó la búsqueda de las personas que pudieran ayudarme, que facilitaran lo necesario para poder tenerla definitivamente entre mis brazos. No tenía idea de lo que me esperaba, pero la dicha era enorme.

Llamé a Tom de inmediato y le conté lo que acababa de suceder.

—¡Vamos a ser padres!—. Él no lo creía. Pienso que quedó en *shock* más que yo.

—¿Y cómo está ella? ¿Estás segura de que no está enferma? —me preguntó apenas pudo.

Yo le respondí que solo sabía que era Tatiana y que al día siguiente la conoceríamos.

El resto del día no pude trabajar. ¡Qué va!, las expectativas eran demasiadas. No sabía en qué condiciones se encontraba. No tenía una carita en mi mente, no sabía su color ni cómo eran sus cabellos; no sabía si estaba completita. Sin tenerla aún en mis brazos ni haber sentido el aroma de su piel ya sabía que era mía.

Tomé una pausa y traté de razonar. Dejé mis emociones a un lado para pensar con claridad y enfocarme en los pasos que debía seguir. En ese momento me acordé de una pediatra muy especial, a quien conocía gracias a mi trabajo. Siempre me pareció una persona dulce, honesta y muy dedicada a su profesión. Tiempo atrás, ella había sido directora del hospital donde Tatiana se encontraba.

Fui a hablar con ella para pedirle consejo sobre los pasos que debía seguir. Su consulta empezaba el lunes a partir de las 4 de la tarde y, por supuesto, ahí estaba yo esperando conversar con ella. Por suerte, ese día no estaba tan ocupada y pudo atenderme. Le comenté todo lo que había sucedido ese día y ella se impresionó.

—¡No lo puedo creer! —fueron sus palabras.

—¿Sabes?, yo conozco a la Dra. Angélica, quien fue directora de Fundamenores hasta hace un año —me informó—.

Esa era la oficina que yo había visitado esa misma mañana para iniciar los trámites, y esa doctora era la directora de la Fundación Niños de la Calle, otra entidad muy importante en la ciudad, que brindaba apoyo y protección a los niños que vivían en situación de calle, ofreciéndoles un entorno seguro, atención médica, educación y, en muchos casos, facilitar su integración familiar o adopción.

—Vamos a llamarla —continuó la doctora—, porque ella te puede aconsejar mejor que yo.

Así fue. Tomó el teléfono, la llamó y le comentó todo lo que estaba sucediendo. La doctora Angélica le pidió que me presentara al día siguiente a las 9 de la mañana. Yo guardé silencio y acepté, aunque a esa misma hora tenía la cita con la doctora Sofía para conocer a Tatiana.

«Esto es muy importante para asegurar que estés conmigo —pensé en ese instante—. Tatiana, llegaré tarde… Espérame, que estoy trabajando por las dos».

Unos meses atrás, mi perrita Nube había tenido unos hermosos cachorritos. ¿Recuerdan a mi amiga Lilian, mi súper amiga veterinaria de la playa? Ella vino y se quedó unos días para asistir a Nube durante el parto. Los perritos nacieron sanos y preciosos y Nube demostró ser una madre excepcional.

A los días llevé a los cachorritos a un veterinario que quedaba cerca de mi casa, porque Lilian había regresado a la playa y yo necesitaba contar con alguien cercano, por si surgía alguna emergencia. Así fue como conocí al doctor Moisés, un veterinario amable, servicial y muy pendiente del bienestar de los cachorritos de Nube. Desde el primer momento fue muy atento y, aunque su trato era profesional, percibí en él una calidez especial.

El mismo lunes del inicio del trámite de adopción, en horas de la tarde, Moisés me llamó por teléfono. Me sorprendió un poco su llamada, porque no había ninguna consulta pendiente y los perritos ya no estaban conmigo. Pensé que tal vez me llamaba por algo relacionado con mis productos médicos, que en muchos casos los veterinarios también pueden utilizar.

—¿Cómo estás? —me saludó.

Yo andaba aturdida, emocionada, y con mi mente 100 % enfocada en Tatiana.

—Hola, muy bien, ¿y tú, cómo estás?

Casi de inmediato preguntó por Nube. Le dije que todo marchaba bien, y le pregunté si podía llamarlo más tarde, ya que en ese momento no podía hablar. Creo que se dio cuenta de que me hallaba muy nerviosa porque me preguntó si estaba bien.

—Sí, todo está bien, solo un poco estresada, pero todo bajo control —le dije, intentando sonar tranquila.

—¿Por qué estás estresada? ¿Te pasa algo? ¿En qué te puedo ayudar?

Su interés me sorprendió. No me lo esperaba, y en lugar de dar explicaciones largas, simplemente respondí dejando fluir lo que sentía.

—La única manera en que puedes ayudarme es rezando para que todo lo que estoy haciendo se me dé.

—Claro que sí —me respondió.

Colgué el teléfono, y ahí quedó esa conversación.

Llegué a casa alrededor de las 6:00 p. m. Tom y yo conversamos. Estábamos emocionados, aunque él, por supuesto, estaba muy preocupado.

—¿Cómo puedes estar tan segura de que todo estará bien con ella? —me preguntó.

—No lo sé, solo lo siento —fue mi sincera respuesta.

Esa noche no pude dormir. Lo único que deseaba era que amaneciera. Estaba ansiosa de conocer a Tatiana, la bebé sin rostro de mis sueños.

MARTES

El día esperado llegó. Pendiente del amanecer, no había podido pegar un ojo en toda la noche. Por fin iba a verle la carita a mi niña.

Me levanté muy temprano y le dije a Tom que lo llamaría para darle la hora en que nos veríamos en el hospital. Me dirigí a la oficina de Fundación Niños de la Calle, donde tendría mi primera cita con la doctora Angélica. Quería ver si había algo que se pudiera hacer para agilizar el proceso.

Al llegar, la doctora ya me estaba esperando y me hizo pasar a su despacho.

—Cuéntame, ¿en qué te puedo ayudar?

Le expliqué lo que tanto deseaba y sobre el proceso de infertilidad por el que pasaba. Sentí con ella una conexión inmediata, pues transmitía muy buena energía y además se mostró bastante empática con mi situación. Podría decir que sentía compasión por lo que estaba viviendo.

Me preguntó si ya había iniciado el proceso de adopción, y le respondí que en efecto lo había hecho el día anterior.

—Bueno, tendremos que esperar a que aparezca una bebé que se pueda dar en adopción.

—¡Ya tengo a mi bebé! —le dije con emoción—. Ella está en el hospital.

Me miró sin entender.

—¿Qué dices?

—Mi bebé, Tatiana, está en el hospital —repetí—. Me está esperando. Hoy la voy a conocer.

—De verdad, no lo puedo creer. ¡Mírame! —me mostró sus brazos—. ¡Tengo la piel de gallina! ¡Qué impresión!

De inmediato tomó el teléfono y llamó a la oficina de Fundamenores. ¿Se acuerdan de Elizabeth? Sí, la señora con la que abrí mi expediente. Resulta que había trabajado con la doctora Angélica cuando ella era directora de esa fundación, por lo tanto, conocía perfectamente cómo funcionaba el sistema.

—¿Sabes algo de una niña que está en el hospital y que nadie ha reclamado? le preguntó la doctora.

Elizabeth no había recibido ninguna notificación al respecto, así que no tenía información. La doctora Angélica le pidió que hiciera las averiguaciones necesarias.

—Mira, si esa niña sale del hospital y entra a la fundación —le comentó—, el proceso será larguísimo. Podría tardar meses o incluso años, y eso sería injusto. Averigua todo lo necesario. Tenemos que estar seguras de que esta información es cierta. Por favor, mantén a la niña en el hospital el mayor tiempo posible.

Escuchándola, comprendí con más claridad lo que podría significar que Tatiana fuera trasladada. Y es que en esa época, en mi país, los procesos de adopción eran tan largos que no solo afectaban a las familias adoptivas, sino que también tenían un impacto directo en los niños, especialmente en los recién nacidos.

La espera prolongada generaba consecuencias perjudiciales, puesto que en los primeros años de vida ellos necesitan un entorno estable y amoroso para desarrollar confianza y apego. Las largas estancias en instituciones o en hogares temporales sin un lazo familiar sólido podrían afectar negativamente su desarrollo emocional.

Ya conocía algunas de las consecuencias, me había documentado al respecto. En primer lugar, podía causar dificultades de adaptación, ya que cuando un niño llega a una familia adoptiva pasados uno o dos años, muchas veces enfrenta obstáculos para adaptarse. El apego con los cuidadores temporales puede hacer la transición más complicada, entorpeciendo la formación de vínculos afectivos con sus nuevos padres.

Otra de las consecuencias, es un mayor riesgo de problemas de salud mental, ya que la incertidumbre y la inestabilidad emocional aumentan el riesgo de que los niños desarrollen ansiedad, trastornos del comportamiento o problemas de autoestima, especialmente si han pasado mucho tiempo en un entorno institucionalizado.

Finalmente, se puede perder la oportunidad de ser adoptados, puesto que, lamentablemente, mientras más tiempo pase, especialmente en el caso de niños con condiciones especiales o con antecedentes complejos, disminuyen sus posibilidades de ser adoptados. La mayoría de las familias buscan bebés recién nacidos, por lo que cada mes cuenta.

Por todo esto, yo sabía que no podía perder tiempo. Tatiana necesitaba estar conmigo… y yo con ella.

—Ya no soy la directora de esa institución —aclaró la doctora—, pero haremos lo necesario para que todo tenga un final feliz. Lamentablemente, eso no está en mis manos.

Sentí un gran dolor en el pecho. Pero la emoción de ver a Tatiana no me dejaba pensar en lo difícil que podía ser todo aquel proceso. Llamé a Tom y le dije que ya era la hora y que nos encontraríamos en el hospital.

Llegué mucho antes que él, ya que por mi ubicación la distancia era más corta. No aguanté, llamé a la doctora Sofía, quien me dijo que ya había visto a Tati, que estaba bien, que había nacido prematura de peso, pero estaba sana. Igual le harían unos exámenes de rutina. Me dio autorización para ir a conocerla.

No pude esperar más, fui hasta allá y hablé con la enfermera. Me hicieron pasar y me dieron instrucciones de lavarme las manos. Yo no podía más. Era una mezcla de nervios, alegría, miedo; una sensación tan intensa como inexplicable. Tenía un nudo en la garganta. Las manos me temblaban, me las sequé y caminé hacia la sala donde estaban los bebés.

Y ahí estaba ella, Tatiana, en una camita fría de hospital, compartiéndola con otro bebé. Desnuditos los dos, solo con un pañal. El alma se me encogió de golpe. Mi bebé estaba ahí.

La enfermera la tomó entre sus brazos y se acercó a mí. Yo abrí los míos y la recibí. Cuando su piel tocó la mía, sentí algo como una corriente que recorrió mis manos, subió por mis brazos y llegó a mi pecho. Mis ojos por fin podían ver su carita. Era sencillamente hermosa.

Ahora entendía por qué nunca había podido visualizarla: porque era demasiado bella y tanta belleza no se puede imaginar, y mucho menos captarla a través de la bruma de las quimeras. Tenía el cabello negro, como el mío. La llevé a mi pecho, la abracé y sentí el aroma de su piel.

«Eres mi Tati, la que tanto añoré. Sabía que eras la que siempre contemplé en el cochecito de mis sueños».

Qué dicha tan grande, qué bendición tenerla entre mis brazos. Me quedé inmóvil. El tiempo se detuvo. Solo quería disfrutar aquello y dar gracias a mi Dios por ser en ese instante solo ella y yo.

—¡Oh, Dios mío, se parece tanto a ti! —me dijeron las enfermeras al acercarse—. Mira el color de sus cabellos, son mamá e hija.

Yo tenía lágrimas en el rostro y no podía responderles. Las palabras no me salían porque la emoción me lo impedía.

—Háblenme de ella —alcancé a decir tras unos minutos—. ¿Por qué está con otro bebé en la cuna? ¿Son hermanitos?

—No, lo que pasa es que no tenemos suficientes camitas para todos. Por eso deben compartirlas.

Me pareció inusual que ella estuviera durmiendo boca abajo, ya que los bebés normalmente están acostados de espaldas. Les pregunté por qué.

—Sí, siempre los colocamos boca arriba —me respondió una de las enfermeras—, pero cuando están solitos es mejor ponerlos boca abajo. Así no se sienten tan solos. Además, como no tenemos sabanitas para envolverlos, se sienten más protegidos así.

Me explicaron que había nacido prematura de peso, lo que se notaba al verla tan delgadita.

Hubiésemos seguido conversando, pero en ese momento me llamó Tom para avisarme que había llegado. Tuve que dejar a Tati por un momento para ir a buscarlo a la entrada del hospital, porque no dejaban pasar a cualquier persona sin autorización. Lo encontré y, al regresar juntos, ya Tati estaba de vuelta en la cunita compartida. Repetimos la rutina del lavado de las manos y luego una enfermera le entregó la niña a Tom.

Él, que no es tan expresivo como yo, la abrazó en silencio y nos quedamos contemplándola. Yo no me cansaba de acariciarla y de llenarla de besitos, pero quise dejarlos solos para que tuvieran su espacio, para que él también tuviera su conexión con ella.

Tom la sostenía con delicadeza, sin decir palabra, observándola con ternura. Yo me acerqué a una de las enfermeras y entablé una conversación. Tenía muchas preguntas.

—¿Qué ha pasado con ella? ¿Me pueden dar alguna información?

Me explicó que no sabían mucho. Las mujeres daban a luz en otro piso y los bebés eran trasladados luego a ese departamento, especialmente cuando nacían prematuros, ya que requerían cuidados especiales.

Cuando los bebés son llevados a reunirse con sus madres para ser alimentados, y ellas no están en sus habitaciones, los devuelven al área. En algunos casos las madres sufren complicaciones graves y, dependiendo de la condición, las trasladan a otras áreas del hospital. Ya recuperadas, regresan a buscar a sus bebés.

—Los recién nacidos permanecen aquí —señaló— hasta que alguien los reclama, ya sea la madre o algún familiar. Se espera un tiempo prudente y, si nadie aparece, entonces informamos a la entidad gubernamental para que se haga cargo.

—Pero en este caso —me dijo en tono más serio— no sabemos absolutamente nada. Nadie ha venido. No hay rastro de la madre.

Tom y yo quedamos impresionados. Seguidamente, conmovida hasta lo más hondo de mi ser, les ofrecí traer ropa para ella, fórmula, cualquier cosa que hiciera falta.

—No, no traigas nada, lamentablemente no podemos ponerles ropa, porque se la roban. Nosotras les damos el alimento aquí. Lo único que puedes traer son pañales. Eso sí lo aceptamos.

Apenas escuché esto, mi interior se desgarró y se hizo pedacitos. No podía controlar el caudal de lágrimas.

—Ella está bien —me calmó la enfermera—. Nosotras la consentimos cuando tenemos tiempo, pero recuerda que son muchos niños y nosotras somos pocas. Ella es nuestra consentida porque no tiene a nadie.

Lejos de calmarme, estas palabras provocaron que llorara más.

«¿Cómo es posible que mi bebé esté aquí solita? Y si llora por frío o hambre, ¿tiene que esperar a que alguien se desocupe para recibir atención. Y yo sin poder hacer nada».

No quería dejarla sola, pero no podíamos estar más tiempo allí. Pregunté si podía volver al día siguiente. Me dijeron que sí. Las enfermeras tenían que seguir con sus labores, y yo volví a tomarla entre mis brazos y le hablé.

—Espérame, te prometo que pronto estarás con nosotros. Te amo.

La besé y, seguidamente, la enfermera se la llevó. A medida que se alejaba, mi pecho se encogió de dolor. ¿Cómo dejarla ahí? Era inconcebible, es la verdad, pero no había nada más que pudiera hacer ese día, solo seguir luchando para agilizar el proceso y pedirle a mi Diosito que la cuidara, que no se sintiera sola ni con frío, y que me permitiera la dicha y el privilegio de estar con ella.

«Tú me mostraste la vía definitiva de encontrarla. Y sé que ese camino no termina aquí, que se extenderá por muchos, pero muchos años, y yo estaré a su lado hasta el día en que cierre para siempre mis ojos. Aun así, seguiré amándola, guiándola y protegiéndola. Desde arriba me asomaré a sus quimeras para abrazarla en silencio».

Recuerdo que, tras dejar a Tatiana con las enfermeras, caminé junto a Tom por los largos pasillos del hospital, sintiendo como si dejara atrás una parte de mí. A mi alrededor, la gente entraba y salía. Caminaban apurados, cada uno con su historia, su dolor, urgencia o alegría, y yo con el alma fragmentada.

El hospital público era un sitio de apariencia fría, pero yo lo percibía más triste. Las personas que allí acuden cuentan con pocos recursos y no pueden pagar un seguro médico. Se notaban las carencias en todo: en las paredes, en las camas, en la forma casi milagrosa como el personal desempeñaba su labor. No obstante, mi hija estaba ahí, cuidada por ángeles de batas blancas.

Al salir del hospital, la claridad de la calle nos golpeó de frente. Hacía un día muy caluroso, de esos en que el sol quema sin piedad. Tom y yo buscamos algo de sombra. Al frente del hospital había un árbol enorme, con ramas largas y frondosas que ofrecían un pequeño refugio. Llegamos hasta él y nos quedamos callados bajo su cobijo, procesando lo que acababa de pasar.

Desde ahí llamé a la doctora Sofía para contarle que ya había conocido a Tatiana. Ella se alegró mucho por nosotros y Tom aprovechó la llamada para preguntarle si estaba segura de que la niña estaba bien, que no tuviera ninguna enfermedad.

—Tranquilo, ella está bien —respondió con calma—. Le haremos los exámenes de rutina y luego les informo.

Colgué el teléfono emocionada, pero al volver la mirada hacia Tom, noté que él seguía pensativo, como si aún tratara de asimilar lo sucedido. Yo estaba feliz y en cambio él se notaba algo preocupado. Lo entendí porque todo había pasado muy rápido y no había tenido tiempo de asimilarlo. Nunca olvidaré lo que me dijo: «María Isabel, ¿tú no crees que la bebé está feíta?».

Creo que lo dijo por lo delgada que estaba y por su temor de que no estuviera completamente sana.

—Tom esta es la niña más hermosa que mis ojos han visto —se lo dije con la mirada de «no puedo creer lo que acabas de preguntar»—. No sé si es porque la veo con ojos de madre, pero para mí ella es hermosa de verdad.

—¿Qué prefieres? ¿Una niña hermosa tipo Miss Universo, pero con el alma llena de vanidad y arrogancia? ¿O una niña no tan bonita, pero con un espíritu grande, bondadoso y humilde?

Él no dijo nada más. No necesitaba que entendiera todo de inmediato, pues yo sí lo sentía en lo más profundo de mi ser: ya era su madre. Y esa certeza superaba cualquier discusión.

Nos despedimos. Tom volvió a su trabajo y yo me quedé preguntándome sobre lo que haría en adelante. No tenía paz mental, Tatiana ocupaba todo mi pensamiento. Pensé en ir a la oficina de Fundamenores, pero el trayecto era largo y no llegaría a tiempo. Seguro ya habrían cerrado y no podría hablar con alguien y preguntar si ya había alguna información sobre el caso de Tatiana.

Hice llamadas a varios doctores para que me aconsejaran. Fui nuevamente a donde la pediatra y hablé con ella. Me recomendó ir a la oficina gubernamental para averiguar todo lo que estaba pasando con ese caso, algo que yo ya tenía planeado hacer al día siguiente. También me comentó que había estado conversando con la doctora Angélica y que ambas estaban viendo qué podían hacer para ayudarme.

Ese día también recibí una llamada de Moisés, el veterinario de Nube, quien quería saber cómo estaba y si ya había resuelto lo que me tenía tan estresada. Le contesté que todavía no, pero que por favor siguiera rezando por mí para que todo lo que estaba haciendo saliera lo mejor posible.

—María, ¿qué necesitas? Tal vez yo te pueda ayudar, solo dime.

Le agradecí su ofrecimiento, reiterándole que lo único que le pedía era que rezara por mí. Dijo que así lo haría, me deseó suerte y se despidió.

El día se fue apagando lentamente, y junto con él mis fuerzas. Ojalá hubiera tenido más horas para avanzar en el proceso. Realmente no sabía a qué me estaba enfrentando, ni qué tan fácil o difícil resultaría todo aquello. Mantenía comunicación constante con mi familia, sobre todo con mi mamá, y estaban todos a la expectativa orando por mí.

Ya en mi cama, en otra noche sin poder conciliar el sueño, pensaba en Tatiana, si tendría hambre, si estaría llorando o si las enfermeras tendrían tiempo para arrullarla. Qué impotencia sentía.

«Diosito, cuídala, protégela. Permíteme, por favor, estar con ella y verla crecer. Si este es el camino que tú abriste para mí, proporcióname el vigor, los recursos, las palabras y ponme al frente las personas adecuadas. Ayúdame a no rendirme, a confiar y a avanzar. Yo haré mi parte. Solo te pido que no me sueltes de la mano. Dios te bendiga, mi Tatiana, ya pronto estaremos juntas».

Me quedé dormida.

Miércoles

Saludé temprano este nuevo día. Me desperté con la misma inquietud de no saber qué esperar de esta jornada. Aun así, decidí cambiar el enfoque. Me miré al espejo y me recordé que cada nuevo día trae consigo una renovada esperanza, se abren puertas por donde pueden entrar la alegría y la felicidad.

«¡Vamos, María Isabel, tú puedes!» —me dije con ánimo, y salí dispuesta a propiciar atajos para llegar a mi meta, y la planifiqué en mi mente.

«Iré a Fundamenores, hablaré con Elizabeth y sabré qué noticias tiene sobre Tati y qué nuevos pasos debo dar. Pasaré luego a ver a Tatiana. Necesito abrazarla, tenerla un ratito conmigo, sentir que todo este esfuerzo tiene sentido».

Sabía que Elizabeth había estado ayer martes en el hospital, asegurándose de que la niña estaba de verdad sola y sin nadie que la reclamara. Por eso me urgía tener esa conversación con ella.

En cuanto llegué a la oficina, me recibió con amabilidad y me preguntó cómo estaba. Le respondí que estaba ansiosa y feliz al mismo tiempo, porque había conocido a Tatiana, una niña hermosa, pero muy frágil.

—Dime, ¿qué tengo que hacer? ¿Cuáles son los pasos que debo seguir? —le pregunté.

Ella se puso seria y me explicó que había intentado indagar en el hospital, hablando con las enfermeras del piso, pero ninguna pudo darle información. Solo sabían que, tras dar a luz, la mujer se marchó sin que nadie se diera cuenta.

Me dijo también que, revisando en los registros, encontró la planilla que la madre había llenado al momento de ingresar al hospital, junto con la historia médica en la que aparecía una dirección donde aparentemente residía.

Dio con la casa y tocó la puerta. Un hombre salió a recibirla y le preguntó si allí vivía la señora Juanita.

—No, ella ya no vive aquí —respondió el señor.

Eso extrañó a Elizabeth, quien siguió indagando.

— ¿Es usted su esposo o compañero?

—No. Esta es una residencia donde se alquilan cuartos por temporadas. Ella estuvo alojada unos meses, pero hace unos días recogió sus cosas y se marchó.

Al hombre le había llamado la atención, pero en fin era solo otra inquilina. Elizabeth intentó hacer más preguntas, y él respondió que lo sentía, pero no la conocía muy bien y por eso no tenía más información.

Elizabeth hizo una pausa, y luego se dirigió a mí con voz clara y contundente.

—María Isabel, yo te prohíbo volver a visitar a la niña. No puedo garantizarte que ella sea para ti. Lamentablemente, aquí los procesos son largos y complicados. Seguramente ya fue colocada en un comité de adopción. Así que está prohibido volver a verla. Y no soy yo, te lo juro, es el sistema —concluyó, bajando la voz.

Yo no podía contener las lágrimas. «Dios mío, ¿qué estoy escuchando?».

Me derrumbé. Me perdí. ¿Será que no había oído bien?

—No comprendo, ¿qué debo hacer? —pregunté, temblando, luego de agarrar un poco de aire.

Ella guardó silencio un rato y se quedó viéndome. Creo que le di pena.

—¿Conoces a alguien que trabaje en el Gobierno? —preguntó, tras una honda respiración.

La miré sin entender.

—¿Conoces a alguien en el Gobierno? —repitió.

—No… realmente no.

—Si tanto la quieres, búscate a alguien, abre puertas. Te recomiendo que hables con la directora de esta oficina, la Dra. Carlota. Ella es quien decide a quién se le asignan los bebés. Tal vez ella pueda hacer algo por ti, pero tienes que intentarlo. Si la niña sale del hospital y la traen aquí, va a ser muchísimo más difícil que la entreguen, a ti o a cualquier otra persona.

—Los procesos son largos y complicados —reiteró, esta vez con más gravedad.

Me sequé las lágrimas y me erguí.

—Quiero una cita con la directora, por favor —dije con la cabeza en alto.

—Ella está en el último piso, ve y preséntate.

El edificio tiene pocos pisos, así que me fui directo a las escaleras. Mientras subía, traté de calmarme, de controlar mis emociones. «Todo va a estar bien, María Isabel. Todo está bien», me decía internamente. Y lo repetía una y otra vez, como queriendo convencerme de que era cierto.

La secretaria me recibió en la oficina y pedí hablar con la Dra. Carlota, pero ella se encontraba en una reunión.

—No sé cuánto pueda tardar —fue su respuesta a mi pregunta de si podía esperarla.

—No importa, tengo todo el tiempo del mundo.

Así fue. Esperé una hora, dos. Finalmente, la puerta se abrió y ella salió. Cuando nuestras miradas se cruzaron, algo inexplicable recorrió mi cuerpo, un flujo casi eléctrico. El ambiente se volvió frío de golpe y enseguida supe que no había energía positiva. No sabría cómo describirlo, pero mi intuición me confirmaba que allí no existía ninguna empatía.

La secretaria le informó que yo estaba esperándola.

—¿En qué puedo ayudarte? —me dijo al acercarse.

Me presenté y le pregunté si ya estaba al tanto del caso de la niña que estaba en el hospital.

—Sí, ya estoy enterada —me respondió con sequedad.

Traté de iniciar una conversación para explicarle todo, mi historia, mi infertilidad… pero me interrumpió de inmediato.

—No puedo ofrecerte nada. Solo te puedo decir que esa niña pasará a un comité de adopción.

La miré conteniendo las lágrimas.

—Usted sabe que ese proceso será largo y complicado. Sabrá Dios cuánto tiempo pasará para que se la asignen a alguien.

—Esa niña va a un comité de adopción —me interrumpió otra vez, ahora con un tono más autoritario, casi arrogante.

Hablé dentro de mí: «Cállate, no supliques. No le pidas, que ella no hará nada por ti».

Yo permanecía ahí, pero mi alma quería huir. Sabía que no había nada más que hacer.

—Me voy —le dije desde lo más profundo de mí, mirándola directamente—, pero piense, por favor, que esa bebé está pasando trabajo en ese hospital. Está sola, sin el calor de una madre, sin amor. Y yo estoy aquí vacía, lista para abrazarla y darle el amor y la protección que todo niño merece.

Me marché con un nudo en la garganta y con ganas de gritar para desahogarme. No podía entender cómo hay personas tan frías, tan incapaces de sentir.

Ella ni siquiera quiso escucharme. Lo había intuido y no me equivoqué, nunca hubo conexión. No le interesé yo, y mucho menos le interesaba Tatiana.

Salí del edificio, subí a mi carro y ahí sí no pude aguantar más. El llanto brotó sin control.

«Diosito, ¿qué debo hacer?», supliqué. «Dime, por favor, ¿qué debo hacer?».

Inhalé y reflexioné. «Ok, voy a hacer todo lo que esté en mis manos. Si tengo que ir a hablar con el presidente de la República, lo haré, pero no me quedaré sentada con los brazos cruzados. Y si al final todo se pone más gris, y más y más puertas se siguen cerrando, entonces haré una pausa y aceptaré que ella no es para mí».

Seguí llorando, tragándome la tristeza de oír mis propias palabras, pero escuchando esa voz íntima y silenciosa, la de mi corazón, que insistía: "Ella es tuya, ella es tuya".

«Mi Dios, confío en ti. Tú siempre has ido de la mano conmigo. Respeto tu decisión y sabré entender, porque sé que todo pasa por una razón. Pero, por favor, ella es mi bebé. Déjala crecer a mi lado. Deja que los caminos se abran. Guíame, dame señales. Dime qué debo hacer».

Abrumada por sentimientos encontrados, empecé a manejar. Pensé en ir a la clínica a hablar con la pediatra. Era aún temprano y necesitaba conversar con alguien que me diera una luz, una guía, algo.

De pronto, las palabras de Elizabeth volvieron a mi mente: «Busca a alguien del Gobierno». Recordé que Tom era jefe directo de una persona muy cercana a un alto funcionario del gobierno de la ciudad. «¡Guaooo!», cómo no lo había pensado.

Llamé a Tom de inmediato y le conté todo lo que había pasado.

—Por favor, Tom —le supliqué— habla con Luis. Tal vez él nos pueda ayudar.

—Lo siento, María Isabel, no puedo mezclar mi vida personal con el trabajo. Tú sabes muy bien lo que pienso al respecto.

Ahí me derrumbé.

—¿¡Cómo puedes decir eso!? —le grité entre sollozos—. Esta no es una situación ordinaria. Estamos hablando de tu hija, que está en ese hospital y se la van a llevar. La van a poner en un comité de adopción y eso significa que pasarán años para que tenga una mamá. ¡Por favor, llámalo!

—Lo siento, María Isabel —insistió él—, no puedo hacerlo.

Otra vez el llanto se apoderó de mí. Era como estar completamente sola. Él no me entendía, no sentía lo mismo que yo. ¿Cómo era eso posible?

Estaba confundida, no hallaba explicación. ¿Cómo podía negarse? ¿Cómo podía estar tan lejos de mi dolor?

Continué manejando entre el llanto y mi alma hecha pedazos, desgarrada por el dolor. Creo que nunca en mi vida había llorado tanto como en esos tres días de súplicas y desesperación.

Llegué a la clínica y fui directo a la oficina de compras. La encargada, una amiga muy querida y que ya sabía lo que estaba pasando, al fijarse en mis ojos hinchados y notar mi voz quebrada, me recibió con un fuerte abrazo.

—Cálmate, todo va a estar bien. Quédate aquí, toma el teléfono y haz todas las llamadas que necesites, pero por favor, cálmate.

Cerró la puerta y me dejó a solas con mis pensamientos.

Comencé a pasearme por rostros y nombres de personas. «¿A quién debo llamar? ¿Quién me puede dar una mano?».

Me acordé de una amiga que había conocido cuando empecé mi primer trabajo de visitadora médica. Ella vivía en otro estado, pero en esa época era muy buena amiga de una influyente figura de la Presidencia de la República.

La llamé y le conté lo que pasaba y me mostró mucha empatía.

—No te preocupes, trataré de ayudarte.

Así quedamos.

También me comuniqué con Sofía, quien me dijo que hablaría con un médico que había sido director del hospital donde estaba Tatiana, y que él ya había manejado muchos casos similares. Me prometió que, apenas tuviera una respuesta, me llamaría para contarme cómo le había ido en la conversación. Esto me dio un poco de tranquilidad.

Recibí también una llamada de Moisés, quien, como en las ocasiones anteriores, me saludó y me preguntó si ya todo se había resuelto. Le respondí con la voz afligida que aún no, pero que agradecía que estuviera pendiente.

Otra vez se puso a la orden y de nuevo le pedí que rezara por mí.

Entreví en su voz una sonrisa al pedirme que le dijera la verdad, que si era que quería vender algo en los hospitales. Le dije que no era nada de eso e insistí en que no se preocupara, que solo me tuviera en cuenta en sus oraciones.

Ya estaba atardeciendo y no encontraba a quién más llamar. Tom se comunicó para invitarme a cenar.

—Estamos muy estresados y necesitamos despejarnos. Jorge también va a venir.

Jorge, su jefe, vivía en la capital. Él y su esposa Marina eran muy buenos amigos nuestros.

Al principio yo no quería ir, pues sentía que no estaba para cenas, pero él insistió mucho, así que acepté. Fuimos a un restaurante italiano muy bonito cuya atmósfera era perfecta para conversar. Ya en la mesa, me di cuenta de que incluso había perdido el apetito; el estrés no me dejaba pensar en comida.

Por supuesto, el tema principal de la cena fue Tatiana. Jorge ya sabía todo lo que Tom y yo habíamos vivido: tratamientos, cirugías, doctores. Incluso recuerdo que su esposa Marina una vez consiguió una cita con un especialista en la capital. Me hospedé en su casa y ella misma me llevó a la clínica donde me examinaron, pero los resultados fueron los mismos de siempre. —Por favor, quiero escucharlo todo de tu boca —me solicitó Jorge al inicio de la cena—. ¿Cómo va el proceso?

Comencé a contarle que ese día nada había salido bien. Él se quedó en silencio, con los ojos aguados. Sentí que realmente le dolía lo que estábamos atravesando. Le mencioné también lo de la búsqueda de alguien del Gobierno que pudiera echarnos una mano.

—¿Hablaste con Luis? —le preguntó a Tom—.

—No —respondió él, casi en un susurro.

—¡¿Por qué?! —el tono no ocultaba su molestia. Tom bajó la mirada.

—No creo que sea correcto mezclar la vida personal con el trabajo.

—¡No me parece correcto que no lo hayas hecho! —enfatizó Jorge—. No estamos hablando de cualquier cosa, estamos hablando de una bebé que está en el hospital!

Jorge le estaba dando una lección, parecía su padre hablándole con tal determinación, pero sin faltarle el respeto. Me emocioné mucho al oírlo hablar así.

—Lo primero que tienes que hacer mañana es hablar con él y pedirle ayuda.

Tom se quedó callado por un momento. Yo seguía compungida. «¿Y tú no dirás nada», me pregunté en silencio.

—Necesito confesarles algo —dijo mirándonos.

Nos quedamos en suspenso, atentos a lo que Tom iba a decir. Tomó aliento, me vio fijo a los ojos y pronunció unas palabras que jamás olvidaré.

—El martes, cuando fui al hospital a conocer a Tatiana, en el rato que estuvimos solos y la tuve entre mis brazos contemplándola, de pronto ella abrió los ojos, me miró fijamente, sonrió y volvió a cerrarlos.

Se hizo un silencio absoluto.

—En ese instante —continuó él, con la voz quebrada— sentí que ella era de verdad mi hija.

Eso me impactó. «¡Gracias, papá Dios! Qué grande eres. Él también sintió esa conexión».

Los tres lloramos. Ahí es cuando te das cuenta de que cada quien expresa sus emociones de maneras distintas. Algunos llevan la procesión por dentro, y uno, porque no los ve llorar u opinar a tu favor, los califica de injustos.

Gracias Tom, y perdóname por haberte juzgado mal.

Camino a casa, ambos conversamos sobre su revelación, y coincidimos en que ese momento vivido por él fue el modo de Tatiana comunicarle que era el papá que estaba esperando.

Fue lo mismo que yo había sentido, algo especial, casi mágico. Tatiana ya nos había elegido a ambos.

Fue una noche de revelaciones luego de un día de emociones encontradas, de confusión y temor, pero con un cierre de renovada esperanza. Al día siguiente, Tom hablaría con Luis.

JUEVES

Otro día en el que nada pasaba y yo aún buscaba a tientas la salida de mi laberinto. Era como si alguien hubiese apagado todas las luces y yo me guiara a duras penas tocando las paredes.

La semana estaba por terminar y yo sin poder ver a Tatiana. Solo me sostenía la esperanza de que se estableciera la comunicación con Luis.

Como todos los días, Tom se levantó temprano, se arregló en silencio, me dio un beso, yo lo abracé fuerte y se marchó. Su jornada parecía seguir un curso normal.

Le pedí a Dios que lo guiara y que se manifestara en él cuando estuviera hablando con Luis. En cuanto a mí, la ansiedad copaba mi cuerpo y mi mente. Necesitaba hacer lo que fuera para mantenerme ocupada mientras esperaba la llamada de Tom.

Me aventuré a salir y conducir directamente al hospital. Estacioné el carro y caminé, sin pensarlo, hasta el árbol donde días atrás había estado con Tom. Me paré allí y mi mirada se detuvo en la fachada del edificio. Me visualicé caminando por los pasillos y dirigiéndome al encuentro con Tatiana.

Pero la realidad era que no podía entrar, pues no me estaba permitido. Cerré los ojos y le hablé en silencio.

«Te extraño, mi Tati. Disculpa que no puedo estar contigo, pero no me dejan estar junto a ti. Perdóname si estás triste, te prometo que vamos a recuperar cada segundo que nos están quitando. Ten paciencia, no dejes que nadie te aparte de nosotros. Yo vendré por ti muy pronto».

No lloré porque de mis ojos ya no podían salir más lágrimas, mi alma estaba encogida por una tristeza imposible de sostener.

«No pierdo la esperanza porque tu papá y yo estamos haciendo todo lo posible para que muy pronto estés a nuestro lado. Dios te bendiga mi amor».

Entré al carro y ya me sentía impaciente. «¿Por qué no me ha llamado? ¿Será que Luis no trabajó hoy?».

No me pude contener más y llamé a Tom.

—¿Qué ha pasado? ¿Pudiste conversar? —me contestó que no había podido.

—Ya te llamo, cálmate.

Respiré profundamente y continué esperando, mientras tanto iría a la clínica para tratar de hablar con la Dra. Sofía y enterarme de si había podido volver a ver a Tatiana y si tenía algunos resultados de los exámenes. No fue posible averiguar nada porque ella no trabajó ese día.

Yo sabía que la pediatra y la doctora Angélica estaban en frecuente comunicación, pero desafortunadamente no tenían ninguna respuesta.

«Dios mío, mañana es viernes —pensaba—. El fin de semana está muy cerca y Tatiana no está conmigo. Sábado y domingo no se puede hacer nada».

Ahí mismo me acordé de que unas semanas atrás habíamos hecho planes para ir a la casa de la playa, con mis padrinos de bautizo, y automáticamente me dije que no debía irme, que aunque no me dejaran ver a Tatiana no podía estar tan lejos de ella.

Finalmente, Tom llamó.

—Hablé con Luis. Él entiende por lo que estamos pasando, y con mucho gusto nos ayudará cuando llegue su amigo de viaje, porque está de vacaciones y no regresa sino hasta la próxima semana.

Me quedé escuchándolo sin poder pronunciar palabra. Las lágrimas volvieron a desbordarse. «Esto no puede ser posible».

—Tranquila, todo va a estar bien —dijo Tom, intentando calmarme—. Tengamos fe. Te veo en la casa, llego temprano.

«Ok, ¿y ahora qué? No puedo esperar tanto tiempo. Si tan solo pudiera verla. Si me dejaran estar un ratito con ella, yo la podría alimentar y hablarle con palabras amorosas. Así no nos sentiríamos tan solas».

Eran casi las cuatro de la tarde cuando llegué a casa. Estaba exhausta. Tenía tres noches sin dormir bien y casi sin probar bocado. Creí que me iba a deshidratar de tanto llanto. Estaba estresada, ojerosa y demacrada. Créanme, me sentía de todas formas, menos atractiva.

Me di un baño caliente, me senté en la sala y, sin paisaje alguno que contemplar, me quedé observando por la ventana. Pedía otra vez a Dios que me iluminara.

Unos minutos después, sonó mi teléfono. Estaba pendiente de él, ya que trataba de no perder ninguna llamada. Era Moisés. Contesté, pensé en no hacerlo, pero sentí el impulso.

—Hola, Moisés, ¿cómo estás?

—Yo bien, ¿y tú? ¿Resolviste?

—No… no he podido.

Sabía que se ofrecería a ayudarme, así que le dije lo mismo que en las demás ocasiones.

—Te he notado preocupada todo este tiempo. Tal vez te pueda ayudar. Sé sincera. ¿Tienes una orden en los hospitales que no se te da?

—No, no es eso.

—¿Entonces qué es?

Era demasiada la insistencia, ya parecía una señal.

—Ok, dime, ¿conoces a alguien en el Gobierno?

—Entonces sí quieres vender algo.

—¡No! Ya te dije que no es eso. Solo dime si conoces a alguien en el Gobierno.

—Sí, conozco a una persona.

—¿A quién?

—A la doctora Teresa Espinosa.

—¿Quién es ella?

—Alguien que trabaja muy cerca del gobernador.

El corazón casi se me sale por la boca, pero me controlé para no exteriorizar ningún tipo de emoción.

—¿Qué tanto conoces tú a esa persona como para pedirle un favor inmenso?

—¿Por qué me preguntas eso? ¿Quieres hacer un gran negocio con el hospital?

—¡No insistas con eso!, no quiero vender nada.

Volví a preguntarle qué tan grande era su relación con esa señora.

—Es mi exesposa.

—¿Qué? — ¡yo no lo podía creer!—

—Dime qué necesitas.

Solo entonces le conté todo, con lujo de detalles. Él escuchó sin interrumpirme.

—Ella te va a ayudar —dijo una vez que terminé—. ¿Y sabes por qué?

—¿Por qué? —repregunté, poniendo atención porque su voz había cambiado de tono.

—Porque ella nunca pudo tener hijos.

Empecé a llorar.

—Cuelga el teléfono, porque la voy a llamar. En diez minutos te devuelvo la llamada.

En esos diez minutos eternos no me aparté del teléfono ni un segundo, y cuando repicó no lo dejé sonar dos veces. Moisés me informó que había hablado con el esposo, quien le dijo que llamara en una hora porque ella no estaba en casa.

Colgué el teléfono.

«¡Dios mío, yo no podía creerlo! ¡La exesposa es muy cercana al gobernador!

Estaba tan impaciente que fui hasta la habitación para contarle a Tom. Los dos nos quedamos en silencio, con los nervios en punta, esperando a Moisés.

Durante más de una hora apenas hablamos. Solo escuchábamos el sonido de nuestros pensamientos.

El teléfono sonó y contesté de inmediato. Sí, era Moisés.

—Hablé con ella, le expliqué y quiere que estés mañana a las ocho de la mañana en su despacho.

Me advirtió que debía ser puntual.

—No te preocupes, estaré ahí a las siete y media.

Me deseó buena suerte y quedamos en comunicación.

Estaba tan emocionada que solo alcancé a hilvanar unas pocas interrogantes: ¿Será que en verdad esta señora podría hacer algo? ¿Me dará autorización para verla? ¿Y si no pudiera ayudarme en absoluto?

Desde esa llamada solo quise que amaneciera. Dormí unas pocas horas porque prácticamente mis ojos no lograban cerrarse. Contaba las horas, los minutos y oraba:

«Diosito, desde lo más profundo de mi ser te pido que mañana conectemos, que todo fluya, que este día amanezca lleno de luz y energía positiva. No me desampares. Acompáñame ahora, como lo has hecho antes».

VIERNES

A las cinco de la mañana tenía todas las emociones a flor de piel. Apenas abrí los ojos, empecé a arreglarme. Era tanta la ansiedad que me sentía enferma. Creo que estaba saturada, el estrés acumulado durante la semana me sobrepasaba. Era como si no pudiera controlar mi mente ni mi cuerpo; las manos me sudaban y el aire me faltaba.

«Tranquilízate, María Isabel, todo saldrá bien. Cuando veas a la doctora Teresa vas a sentir su energía positiva. Habrá química y todo estará bien».

Tom también se levantó temprano. Era muy responsable. La única manera de que faltara a su trabajo era que estuviera enfermo.

Él tomó su rumbo y yo, expectante, marché a mi cita con la doctora Teresa.

Recuerdo claramente que no podía conseguir un puesto cercano para estacionarme. Toda el área de la gobernación estaba muy transitada y tuve que dejar el carro como a dos cuadras. Gracias a Dios, había llegado supertemprano, por lo que tenía tiempo de sobra. No obstante, la caminata se me hizo eterna.

Del edificio de la gobernación en sí, francamente, no me acuerdo de nada. No observé ni un solo detalle, estaba enfocada por completo en llegar a la oficina, en donde me presenté y les informé que tenía una cita pautada para las 8:00 con la doctora Teresa.

Me dijeron que tomara asiento, que aún no había llegado, pero seguramente no tardaría.

Esperé aproximadamente veinte minutos hasta que la vi llegar. La recuerdo pasando frente a mí, deteniéndose unos pasos más adelante, dándose vuelta y preguntando si yo era la señora María Isabel.

Me puse de pie rápidamente y le respondí que sí. Me saludó de manera muy cordial, me invitó a pasar a su oficina y me ofreció una silla frente a su escritorio.

—Moisés me comentó lo que te ha pasado, pero quiero que tú me lo cuentes.

Procedí a narrarle absolutamente todo, hasta la experiencia del trámite en Fundamenores. Ella escuchó muy atenta. Sentí que había conexión entre ambas. Al final de mi relato, ella tomó el teléfono y llamó a la doctora Angélica; creo que para corroborar todo lo que yo le había narrado.

Conversando con ella, se preguntó por qué estas cosas seguían sucediendo en el país y opinó que estas situaciones deberían cambiar. Le recordó cuando trabajaban juntas.

Terminó de hablar y se despidió.

—Vamos a llamar a la doctora Carlota para ver qué está sucediendo —me dijo mirándome.

Tomó nuevamente el teléfono. La doctora Carlota no atendió. Yo me mantenía preocupada, porque la doctora Teresa no me decía nada.

—No contestó el celular, tal vez es muy temprano —comentó—. Mejor llamo a su casa.

Esta vez sí contestó.

—Hola, Carlota, ¿cómo estás? ¿Sabes que por aquí estuvo la Sra. María Isabel? ¿Sabes de quién te estoy hablando? Dime, ¿qué sabes de la niña que está en el hospital? ¿Qué ha pasado? ¿Tienes alguna información que puedas compartir?

Hizo una breve pausa, como conteniéndose.

—Yo no entiendo por qué esto sigue pasando. No puedo creer que esta niña esté en un hospital pasando trabajo —habló con un tono más fuerte, una mezcla de indignación y de ternura al mismo tiempo—. Nació prematura, requiere atención, necesita amor y, por otro lado, hay una señora desesperada, con todo el deseo humano de tener una hija, ¡y no pasa nada! ¿Tú crees que eso es justo?

—¿Sabes qué ocurre? ¿Cuánto tiempo o años tienen que pasar para que esa niña pueda tener una mamá?

Y sin dar espacio para respuestas, sentenció:

—Tú sabes lo que va a pasar ahora. Esa niña va a salir del hospital hoy, directo a los brazos de la Sra. María Isabel, y tú vas a hacer la entrega, porque estas situaciones no pueden seguir presentándose. Hoy mismo llamas a la Sra. María Isabel y le dices a qué hora harás la entrega. Me llamas y me informas, ¿estamos de acuerdo?

Yo escuchaba atónita, con el alma en vilo. Simplemente pasmada ante lo que acababa de escuchar.

Mis emociones se agitaban y me costaba controlarme. "Esa niña sale del hospital a los brazos de la Sra. María Isabel". Esas palabras resonaron unos segundos más en mi mente.

No grité, porque me pareció imprudente, pero no pude evitar las lágrimas. Mi pecho se encogía y se expandía, tenía dificultades para respirar. ¡Qué emoción!, jamás había experimentado esa mezcla de sentimientos a la vez.

—Gracias, mil gracias. Usted se merece todo.

Sentía que debía arrodillarme y permanecer ahí indefinidamente.

—Te estaré agradecida de por vida.

—Vete tranquila y disfruta de tu hija. Estaremos en contacto.

Salí de su oficina. El trayecto hasta mi carro se hizo interminable. Percibía que las personas me miraban intrigadas, como preguntándose: "¿Qué le pasará a esta mujer?".

Yo trataba de caminar más rápido. Solo quería llegar a mi carro, estar a solas y asimilar lo que acababa de pasar. Ya adentro, no pude contenerme más y grité con alegría.

—¡Gracias, papá Dios. Mil gracias por esta dicha!

Mi bebé nació para mí ese día. Tuve una semana de dolor, angustias, llanto, rechazos, desesperación, impotencia…, pero finalmente está aquí. Todos estos días difíciles valieron la pena, porque hoy estará junto a mí. Dormirá con mi calor y la arrullaré con canciones entonadas desde el alma. No me cansaré de acariciarla. Inhalaré su aroma a bebé y respiraré como la mamá más feliz del mundo.

—"¡Tom, eres papá!"

—No lo puedo creer, hoy somos papás.

Le conté todo lo que había pasado y él estaba súper feliz.

—Te llamo cuando sepa la hora—, yo gritaba de la emoción, y Tom me decía:

—María Isabel, tranquila, no vayas a tener un accidente, contrólate.

Él siempre tan centrado y tan poco expresivo, pero yo sabía que estaba muy feliz.

Luego llamé a mi madre:

—"¡Mamá, eres abuela!", qué dicha, felicitaciones,

—"¡Mami, Tati estará con nosotras hoy!"

Se lo decía con gritos de emoción, entre llantos. Verdaderamente no podía contenerme.

Mi mamá decía lo mismo que Tom:

—"Tranquila, relájate. No vayas a tener un accidente".

Entre tanta emoción tuve un momento de lucidez y solo se me vino la imagen de ella en esa cunita solo con un pañal. Y fue cuando le dije a mi mamá:

—Tatiana no tiene nada, no la puedo sacar así del hospital. Vamos a comprar lo que necesitamos.

—Claro, te espero aquí, pero por favor maneja con mucho cuidado, tranquilízate. Pasé a buscar a mi mamá y nos fuimos de compras. Aunque en realidad no sabía por dónde empezar, atinamos a entrar en una tienda para bebés.

—Quiero esos pañales, ese vestidito, esto, aquello…

Compré sin mucho razonar, solo guiada por la emoción. Mi mamá, con toda su paciencia, me iba orientando. Al rato ya estaba seleccionando la ropa con el pensamiento más claro: un vestidito blanco con pequeñas flores de colores, sencillo, pero precioso, y una manta tan suave como supuse que sería una nube. La sacaría del hospital como una reina.

Aún estábamos en la tienda cuando sonó el teléfono. Era la doctora Carlota, la misma que días atrás me había dicho con la mayor aspereza que pondría a la bebé en un comité de adopción. En otras palabras, que no sería para mí.

—¿Señora María Isabel?

—Sí, dígame, doctora.

—¿Cómo está? ¿Está ocupada en este momento?

—Sí, le estoy comprando ropa a mi hija —le respondí con seguridad.

—Entiendo, ¿será posible encontrarnos en el hospital a las 2 de la tarde para hacer la entrega? —me habló con un tono mucho más suave.

—¡Por supuesto! Me parece excelente. Nos vemos a las 2 en el hospital.

Colgué y me detuve un instante, tratando de definir un escalofrío que me recorrió todo el cuerpo.

¡Era real! Le avisé a Tom y me fui a casa para que él me recogiera. Queríamos llegar en un solo carro, como la familia completa que estábamos a punto de ser.

CUANDO LLEGA UN HIJO

Todas las madres tienen nueve meses para prepararse, física y psicológicamente. Yo tuve solo unas horas, pero fueron suficientes. No importa qué tanto te prepares, qué tan bonito esté el cuarto, cuánta ropa hayas comprado, lo más importante es el calor de tu cuerpo, las caricias de tus manos, los besos en sus mejillas, el sonido cadencioso de las palabras susurradas en sus oídos.

Ellos no saben de ropa ni de cunas finas. No conocen de marcas ni de lujos y el único olor que les brinda paz es el aroma de mamá. Tú eres su casa, su abrigo, su alimento emocional y espiritual. Lo que necesitan es sentirse seguros en tus brazos.

No tuve tiempo para decorar o para llenar tu clóset, ni siquiera para elegir los colores de las paredes de tu cuarto o el tipo de cuna en la que dormirías, pero sí encontré mucho tiempo para acondicionar el corazón con el que te recibiría.

Llegamos al hospital. Una vez más contemplé su fachada y observé a la gente que entraba y salía, Dios sabe con qué penas, tristezas o alegrías de milagros cumplidos en sus vidas.

Esta vez, entré tomada de la mano de Tom, íbamos alegres porque recibiríamos a la niña de mis sueños.

Caminamos por el largo pasillo, en donde ya nos esperaba la doctora Carlota, y nos dirigimos al área de neonatología. Entramos y, por fin, me vi frente a la cuna de mi niña hermosa. La tomé entre mis brazos con delicadeza, sentí su aroma, y resurgió la conexión que antes había sentido. La sensación recorrió mis manos, subió por mis brazos, se alojó en mi pecho y se hizo un sentimiento extraño y bello al mismo tiempo. La vestí con mucho amor y luego Dios me bendijo con la dicha de alimentar a mi niña por primera vez.

Qué momento tan especial para nosotros. Ella se veía muy serena, a pesar de sus ojitos cerrados. La apreté aún más contra mi pecho y las lágrimas volvieron a brotar, pero esta vez de pura felicidad.

Mi bebé,

Si alguna vez sentiste frío, perdóname.

Si lloraste sola en la noche, sin un pecho que te consolara, sin unas manos que enjugaran tus lágrimas, perdóname.

Si te mojaste y nadie estuvo a tiempo para cambiarte, perdóname.

Si mis brazos no estuvieron allí para envolverte cuando más los necesitabas, perdóname mil veces.

Llegué tarde, lo sé.

El tráfico pesado parecía detener el tiempo,

Las luces del camino me cerraban el paso, rojas y amarillas una y otra vez.

Los caminos estaban llenos de piedras, pero manos invisibles trabajaban

para abrirlos y, a veces, muy pocas veces, una luz verde se encendía para dejarme avanzar.

Pero, finalmente, las barreras cedieron, los caminos se despejaron, y las luces verdes brillaron para poder llegar hasta ti.

Llegué con retraso, sí… pero con el corazón rebosante de promesas, segura de que cada instante ausente se transformaría en caricias, cada silencio en canciones de cuna, cada lágrima en amor eterno, todo lo que soy y todo lo que siempre seré para ti.

Las enfermeras estaban contentas de que Tatiana se reuniera con sus padres. Nos desearon mucha felicidad y se despidieron amorosamente de ella. Estoy segura de que también oraron por su bienestar y por un mejor destino. Nosotros les agradecimos inmensamente su cuidado y profesional dedicación.

Con Tatiana en mis brazos, atravesamos los pasillos y, antes de llegar a la salida, pasamos por la estación de seguridad. Allí firmaron y sellaron unos documentos, y nos los pasaron para que nosotros también los firmáramos. Al observar que la doctora Carlota tomaba el teléfono y realizaba una llamada, recordé que la doctora Teresa le había dicho que le notificara cuando hiciera la entrega.

Mientras Tom leía los documentos, la doctora se acercó a mí.

—Sra. María Isabel —se inclinó un poco para hablarme en voz baja—, ya se había decidido que esta niña era para usted. Disculpe, es que yo estaba muy ocupada.

«¿Verdad? —pensé—. ¿Era más importante tu trabajo que mi niña, que estaba aquí sufriendo, solita, sin su mamá?».

Solo la miré a los ojos. No dije nada porque entendí que no tenía sentido y lo único que importaba era que mi bebé ya estaba conmigo. Firmamos los documentos y ya. Tatiana era parte de nosotros.

BIENVENIDA

TATIANA ISABEL PICÓN PÁEZ

Llegaste como un milagro para mostrarnos que los sueños más profundos se cumplen y que el verdadero amor tiene rostro de ángel, un nombre evocado en silencio y que hoy escucho en el latido de tu corazón.

Bienvenida a los brazos de tu madre, la que Dios preparó para ti. Toda la oscuridad vivida se desvaneció y encontró razón con la luz de tu llegada.

Hoy mis ojos se posan en ti, mis manos te acarician y sé que jamás volveré a extrañar tu ausencia.

Te amo inmensamente y te juro que este amor será eterno.

Tom, Tatiana y yo salimos del hospital, pero en mi mente aún permanecía una pizca de misteriosa incredulidad: todavía no creía que lo que tanto había ansiado se hubiera convertido en realidad.

Aunque mi mamá y mi hermana Emilse nos esperaban afuera, no guardo recuerdos nítidos de ese momento en el que mi familia la conoció. La emoción me obnubiló por completo, y cuando el desconcierto pasó, el universo se había reducido a un mundo habitado solo por Tatiana y yo, unidas, por fin, después de una larga espera.

Nos fuimos directo a casa.

En el camino, llamé a mi amiga pediatra para contarle. Sabía que ella estaba esperando este desenlace, y en su voz se evidenciaba la alegría de recibir esta noticia. Le dije que quería llevarle a la niña para que la viera y la chequeara.

—María Isabel, vete a tu casa —me indicó con dulzura—. Disfrútala, dale todo tu amor. Ese es ahora el mejor alimento para ella. Tráela la próxima semana y comenzamos los controles.

Cuando llegamos a casa, la llevé directo a la cama. Le quité con cuidado la ropita. Quería verla, tocarla, detallarla, asegurarme de que todo estaba bien. Pero también quería contemplarla y constatar que era real, aunque yo estaba convencida de que ella era el milagro cumplido por el que siempre había implorado.

Fui desplazando la mirada por su cuerpecito. Observé sus bracitos, tan delgados, tan frágiles; sus manos, sus deditos. Me detuve en sus pulgares. De golpe me vino la imagen de mi abuelita María, la viejita linda, como la llamaba mi mamá. Eran los mismos dedos que yo le pintaba cuando tenía unos doce años.

A esa edad me encantaba sentarme con ella, cuando la visitaba, para pintarle las uñas. Siempre me llamaron la atención sus pulgares, que por alguna razón se quedaron grabados en mi memoria como un rasgo único.

Dios sabe cómo hace sus cosas. Él teje la vida con hilos invisibles, con minuciosidad, con pespuntes cuyos significados uno entiende solo cuando llegan.

La vestí de nuevo, despacio y sutilmente, como si develara un secreto. Continué mirándola: era mi hija.

No fue fácil lo que viví buscándote. ¿Cómo pude expresar sentimientos, sentir amor, antes de hallarte?

Tú me esperaste. Al abrir tus ojitos y ver a tu papi, y al tocarte yo por primera vez, parecías reclamarnos: «¿Por qué tardaron tanto? Jamás quiero volver a sentirme sola».

Mi princesa bella
siempre estuviste en mis pensamientos.
Sabía que un día serías parte de mí.

Por fin, TIPP estás entre mis brazos.
Toco esa piel tan suave y delicada,
con ese aroma que todo bebé tiene,
pero el tuyo era mil veces más intenso,
como si llenara todo vacío.

Tus cabellos negros, tu carita.
Nunca podré olvidar ese día,
ese sentimiento extraño de tenerte,
pero al mismo tiempo tan familiar.

Mi reina bella
llegaste para colorear ese arcoíris
que estaba en blanco y negro

CULPA DEL SISTEMA

Catorce días permaneció Tatiana en la fría cuna del hospital. No quiero imaginar con cuántos bebés compartió ese pequeño espacio, cuántos cuerpecitos se acurrucaron junto al suyo para compartir calor; cuántas noches durmió boca abajo para engañar a la soledad y sentir, aunque fuera por instantes, que no estaba sola en este mundo.

Catorce días y nadie había sido informado. El tiempo siguió corriendo hasta que sumaron dieciocho los días de frío y silencio, de manos extrañas trayéndola y llevándola, antes de que las mías la tomaran para no soltarla jamás.

Durante sus primeros meses, recuerdo que cuando la desvestía para el baño diario su llanto era de miedo. Sus bracitos se estiraban y no podía controlarse a menos que yo la pusiera contra mi pecho. Yo lloraba con ella porque sentía que asociaba el desnudo de su cuerpo a la soledad de su cuna del hospital.

Tres años y seis meses estuvo Tatiana con nosotros bajo la figura de "Colocación familiar voluntaria"; entre abogados, psicólogos y entrevistas. Ese título sinceramente nunca me preocupó porque sabía que ella estaba escrita en mi destino, en las cuatro letras de los archivos de mi computadora y desde hacía mucho tiempo en mis sueños de cada noche, que aludían su nombre como anunciando que esas iniciales algún día tendrían rostro.

Durante todo ese tiempo no pudimos sacarla del país, pues aún no teníamos los papeles que la legitimaran como nuestra. Cada vez que hablaba con los abogados de la institución, me repetían que ella no era mía hasta que los documentos dijeran lo contrario.

«Yo soy su mamá, lo sé con certeza —respondía dentro de mí—. Ella estará a mi lado por siempre».

En una oportunidad me citaron para informarme que uno de los requisitos del proceso era publicar, en un periódico de circulación nacional, que una niña nacida en un hospital había sido encontrada en estado de abandono. Esto con el propósito de localizar a un familiar que pudiera reclamarla. El mismo anuncio debía transmitirse por radio a nivel nacional.

Me tocó a mí encargarme de esos anuncios. Mis amigos y familiares me preguntaban si estaba nerviosa, y qué pasaría si alguien leía o escuchaba el aviso y la reclamaba. Yo siempre respondía con serenidad: «No estoy nerviosa ni preocupada. Tatiana es mi hija, y sé que nadie aparecerá para reclamarla. Esta es su familia, no hay otra. Fue un ángel enviado por Dios, quien la puso en mi camino para que finalmente me reuniera con ella».

Un día, un mes de marzo, recibimos por fin nuestros papeles. Sin esperar un minuto, registramos legalmente lo que bajo la ley de Dios ya estaba firmado y sellado por siempre.

¿Se imaginan qué hubiese pasado si la hubieran llevado a la fundación? Una espera de tres años y medio para poder ser adoptada. Para un adulto es mucho tiempo, para un bebé es la vida entera. Esos primeros años son la raíz de su estabilidad emocional y el cimiento de su desarrollo. La burocracia no debería jamás arrebatarles ese tiempo de su vida.

Yo tuve la bendición de abrazarla y tenerla junta a mí a partir de los 19 días de vida, pero pienso en esos niños que pasan sus años iniciales esperando tras la ausencia, mirando a través de las rejas invisibles de un sistema.

Diosito, protege a esos inocentes de alma pura,
a esos bebés que esperan ansiosos
el encuentro con brazos que los cobijen,
con manos que los apoyen
y besos que los arrullen en sus días de sueño.
Bendícelos a todos cien veces más,
guíalos con tu mano tierna
y cúbrelos con tu manto sagrado,
para que el mal se aparte de ellos cuando los estén rodando.
Ellos son almas inocentes y puras,
sin culpa de los designios ni las injusticias de la vida.
Pon en sus caminos ángeles y madres
con corazones tan grandes
que ellos puedan entrar y sentirse protegidos.

Y cuando caiga la noche,

que no se asusten, porque la noche puede traer calma.

Que en sus sueños tengan hermosos arcoíris

atravesando el océano,

donde los delfines los lleven al otro lado,

donde puedan pedir sus deseos.

Y si hay tormentas, que no teman,

porque la lluvia riega la tierra

donde florecen las plantas

que cubren de rosas sus senderos,

y también para que los árboles crezcan con troncos fuertes

y largas ramas para construir

la casa de sus sueños.

Y si la lluvia trae relámpagos y truenos,

solo son fuertes melodías

para asustar a los maleantes

que intenten despertar

sus hermosos sueños.

Tatiana Isabel

Nombre que escribí durante años
Nombre que solo estaba esperandote
Nombre que solo era digno de un
"ser tan especial como tu"
Tu que eres el milagro de mi vida
que Dios hizo realidad
Tu que me elegistes como tu mamá
Te extrañaba sin conocerte
sin tenerte entre mis brazos
Solo añoraba el dia en que este
milagro se convirtiera en realidad
La realidad es que estas aquí
junto a mi
La realidad es que le distes luces
de colores a mi vida
La realidad es que le ruego a Dios
nos permita estar juntas por
siempre

Dios que unio nuestros caminos
Dios que manifiesta su amor
a través de personas bondadosas
que sin conocernos nos una
una mano amiga...
Dios que todo lo puede...
Dios que nos llena de amor con
todo sus actos
Amor es lo que siento por ti
mi hija linda
Amor que nunca me faltara para darte
Amor que nos mantedra unidas en
este hogar por siempre
Hogar que siempre te cobijara
Hogar en el que creceras y aprenderas
lo bello y lo hermoso de la vida
Hogar que te llenara de benciones
Hogar que te enseñara a ser una
mujer de bien.
Hogar en que pasaras tu vida
Hogar palabra tan bella
... y a la cual le diste significado

Significados mucho significados
parar trabajar, progresar y avanzar
Esforzandome, superandome y aprendiendo
dia a dia a ser mejor mamá
... mama digna de una hija
tan linda especial como tu
Mi hija linda ... Con esa
con esa mirada tierna,
con esa boquita y labios tan bien formados
con esas manitas que lo que toman es especial
con esas piernitas, con todo tu cuerpo
que me trae recuerdos, tantos recuerdos
de una abuela añorada

Tatiana Isabel

Todas las benciones para ti
mi hija linda

Tu mamá
María Isabel.

4·4·98

Valencia, 4 de Abril 1998

En un momento de tristeza
soledad y desespero Jesus
oyo nuestras suplicas y
una niñas nos cayo del cielo.

Tatiana tienes una sonrisa amplia
cabellos negros y ojos de luceros
llenas de alegria a tu mamá
tu papá y al mundo entero.

En este tu dia de bautismo
dicha, felicidad y alegria yo
te deseo.

Te quiere mucho

Tu papá

REFLEXIONES DE UNA NIÑA

Tatiana iba conmigo, yo iba manejando y ya casi llegábamos a casa de mi mamá.

—Mami, ¿sabes qué? —me dice Tatiana, parándose de su silla.

—¿Qué pasa mi amor, siéntate?

—Mami, estoy embarazada.

Me quedé muda por un momento. Desde luego era otra de las ocurrencias de Tati.

—Mami, tú no estás embarazada —le respondí.

—Sí, mami, estoy embarazada —insistió, tocándose su barriguita—. Yo tengo un bebé en mi barriguita.

—Tú no estás embarazada. ¿Y sabes por qué? Porque las niñas como tú, tan chiquitas, no pueden quedar embarazadas, no pueden tener un bebé. Solo cuando son adultas, como tu tía Claudia, que va a tener un bebé. Ella sí puede estar embarazada. Tú eres muy pequeña para eso. Además, primero creces, estudias, te gradúas, tienes novio, te casas y después, cuando seas grande, puedes tener un bebé.

Tatiana se enojó y cruzó los brazos.

—Yo te estoy diciendo que tengo un bebé en mi barriguita ¡y punto! —habló con aires de adulto, y al mismo tiempo se sentó en su silla.

—Y yo te estoy diciendo que no tienes un bebé en tu barriguita ¡y punto!

Me daban ganas de reír, pero me puse seria. Después de eso pasaron unos minutos de silencio.

—¿Entonces no voy a tener un bebé? —me preguntó, volviéndose a parar.

—Claro que no, mi amor. Solo cuando seas grande.

Se quedó callada otro rato.

—Mami, ¿tú estás embarazada? ¿Tienes un bebé en tu barriguita?

—No, mi amor. Mami no está embarazada porque mamá está enferma de la barriguita y no puede tener bebés.

—¿Y yo? ¿Yo estuve en tu barriguita?

Pensé que era el momento perfecto para decirle que ella era un regalo de papá Dios.

—Mami está enferma y no puede tener bebés en su barriguita.

—¿Y yo? —volvió a preguntar.

—Yo soy tu mami y llegaste a mí porque eres un regalo de Dios.

Él envió un ángel para que nos pudiéramos encontrar. Ya ves, ahora estamos juntas, yo soy tu mamá y tú eres mi hija.

Ella no dijo nada más y se devolvió a su silla. Yo no quise seguir hablando del tema y creo que ella tampoco, solo guardó silencio y se sentó.

Tatiana es una niña muy inteligente; para ese momento apenas tenía dos años y medio y hablaba súper claro. No volvimos a tocar el asunto hasta que nos fuimos de vacaciones.

A la edad de cuatro años, durante nuestras primeras vacaciones fuera del país, estábamos bañándonos juntas. Recuerdo que mientras le secaba su cuerpecito con la toalla, ella me miró con esos ojitos tan llenos de luz.

—Mami, ¡yo quiero nacer de nuevo!

Me le quedé viendo en silencio, sorprendida.

—¿Por qué dices eso, mi amor? —le pregunté, luego de unos segundos.

—Sí, mami… Yo quiero nacer de nuevo para estar en tu barriguita y que todo el mundo me vea nacer.

El corazón se me hizo chiquitito y me quedé sin palabras, mirándola con ternura.

—Pero, eso no importa, ¿verdad? —se respondió ella misma.

La abracé fuerte, como queriendo envolverla con todo lo que no pudo vivir dentro de mí, y le susurré al oído.

—Claro que no importa, mi amor. ¿Sabes por qué? Porque tú eres mi bebé. No importa cómo fue el camino, lo importante es que nos unió. Recuerda algo siempre, yo soy tu mamá, y eso nadie en este mundo lo puede negar.

Mi Tati,
Te pido perdón mil veces,
porque mi cuerpo no me permitió tenerte dentro de mí,
por no verte crecer bajo mi piel.
Y mil veces perdón, porque nadie te vio nacer de mí.

Pero ¿sabes qué?
Diosito sabe cómo hace sus cosas.
Sé, con el alma, que eso era lo mejor para ti y para mí.

No importa la forma en la que nos encontramos,
porque fue el modo perfecto.
Tenía que ser así.

Recuerda lo que siempre te he dicho:
Tú ya estabas en mis sueños mucho antes de llegar a mis brazos.
Ya te amaba sin conocerte, te extrañaba sin tenerte
y con toda mi alma sabía que te amaría por siempre.

Ya eras mía antes de nacer.
Te imaginé. Te esperé. Te pedí. Y tú.... tú me elegiste.
Me diste el privilegio más hermoso de todos: ser tu mamá.
Y eso es lo que importa.

Nos tenemos. Nos amamos.
Tú y yo estábamos destinadas a estar unidas.
Y cada día le doy gracias a Dios
y a ese ángel que hizo posible nuestro encuentro.

NOTAS PERSONALES

Para ti, que sueñas con ser madre:

Escucha a tu cuerpo como quien escucha el murmullo del viento. Haz lo que sientas necesario, pero no lo fuerces. Presta atención a sus señales, no vayas en contra de la corriente. A veces, tantos químicos y tanto estrés pueden herir más que ayudar. Te lo digo yo, que lo viví y lo sigo viviendo en carne propia.

Recuerda que hay muchas rutas para llegar al mismo destino. No te pierdas en un laberinto porque el tiempo es valioso. Sigue el sendero con fe y al final de él encontrarás al hijo de tus sueños, esperándote con un libro de páginas en blanco donde tú serás la encargada de escribir su historia, estampada con un ramo de botones de rosas.

Esos botones se abrirán uno a uno cuando los acaricies con amor, cuando le brindes confianza, protección y la certeza de que él o ella son lo más importante para ti. Nunca olvides que eres su techo, su aire y su guía. Sin una madre o un padre, esos botones jamás llegarán a florecer.

Y para cuando ya esté entre tus brazos, enséñale a soñar en positivo. Muéstrale que al abrir los ojos cada mañana lo primero que hay que hacer es dar gracias por un día más.

Enséñale a declarar ante el mundo y ante sí mismo:

Soy hijo de Dios, él me lleva de la mano

Soy fuerte, valiente, maravilloso

Soy bello

Tengo buenos sentimientos

Soy buen hijo, buen hermano o hermana

Soy feliz

Recuérdale que la verdadera belleza vive por dentro y se refleja por fuera, y que todo lo que se desea desde lo más profundo del ser puede hacerse realidad.

Porque nuestros hijos son únicos, son especiales. Dios los bendijo y seguirá bendiciéndolos. Su ángel siempre estará a su lado.

Que nunca teman a la noche ni a lo que no puedan ver o tocar. Que llenen su mente de pensamientos luminosos y cuando los malos quieran entrar, que les cierren la puerta.

¿Cómo? Cantando, bailando con la música en alto, saliendo a la calle, mirando al cielo, cerrando los ojos, sintiendo la caricia del sol en su rostro, el juego del viento entre sus cabellos y la magia de la noche al contemplar la luna y las estrellas.

SUEÑOS QUE REVELAN

Mucho antes de que Tatiana naciera, tuve un sueño hermoso que con el paso del tiempo logré entender.

Por ese sueño supe lo que era dar a vida a un bebé. Quizá por eso, cuando mi hija llegó, nunca sentí esa ausencia que muchas mujeres describen. Tal vez les parezca fantasioso lo que voy a contar, pero para mí fue demasiado real.

Me veía embarazada, con mi barriga grande, y era el momento de dar a luz. Sentía los intensos dolores y, al mismo tiempo, que mi bebé quería salir. Estaba en la sala de parto y Tom me tomaba de la mano.

El doctor entró, me examinó y dijo: «El bebé viene de nalgas».

Tom y yo nos miramos en silencio, pero las contracciones eran cada vez más fuertes. El médico comenzó a darme masajes firmes en la barriga para tratar de acomodarlo, ayudado por una enfermera. Era muy doloroso y sentía a mi bebé moverse dentro de mí. Ese movimiento era peculiar, pero al mismo tiempo agradable.

De pronto, el doctor anunció que ya venía el bebé, pero solo asomaba un hombro. El dolor se volvió insoportable. De pronto, les dije a todos que se apartaran, que yo misma lo haría. No sé cómo, pero me incorporé, tomé al bebé y, como pude, lo saqué. Sentí un vacío, un alivio inmediato, ya no había dolor.

En cámara lenta lo levanté hasta tenerlo frente a mí. Era un bebé muy blanco, rellenito, con cachetes rosados. Tenía los ojos cerrados, pero en cuanto lo tuve delante los abrió, eran azules, como los de Tom. Era hermoso.

Con cuidado, bajé la mirada para ver su sexo y mi sorpresa fue grande: ¡era varón! Mi primer pensamiento fue: «Oh, no, es un varón». En el mismo instante volví a mirar su carita y sus ojos azules, y pensé: «¿Qué importa? Eres bello». Lo abracé con fuerza.

En ese momento me desperté sudando. El sueño había sido demasiado real. Reflexioné sobre si tal vez eso era lo que se siente al dar vida a un hijo. Lo curioso es que el bebé se parecía mucho a Tom. ¿Sería una señal de que él estaba dispuesto a ser padre conmigo? ¿O sería la manera en la que el destino me preparaba para no extrañar ese momento, porque mi hija llegaría de otra forma a mis brazos?

Jamás olvidaré todo lo que sentí. Han pasado muchos años y todavía lo recuerdo tan claro como si lo hubiera soñado ayer.

Gracias, mi diosito por ese sueño. Tú nunca me has abandonado, y ahora entiendo que era necesario para completar todo el ciclo de mi maternidad simbólica. No puedo hallar las palabras precisas para explicarla. No la tuve nueve meses en mi vientre, pero la llevé muy adentro, en mis sueños y pensamientos. No tuve los dolores del parto, pero el dolor en mi sueño fue intenso, me atravesaba el alma y agitaba mi corazón.

Tan perfecto fue ese sueño como perfecto fue el bebé que con mis propias manos saqué de mi ser. Fue la luz de sus ojos la que, al verme fijamente, abrió las puertas de mi corazón. Cierto que al ver su sexo hubo un pequeño desencanto, pero sabía que los ojos de Tom, a pesar de que a veces lo veía distante y ajeno, me habían hablado en silencio:

«Tranquila, hasta el final estaremos juntos. Sigue siendo valiente, porque de ti depende. No desistas, porque si lo haces estaremos derrotados. Habrá momentos duros, vendrán ángeles que nos ayudarán en el camino, pero al final, cada uno hace su parte.

Tú eres el pilar, lo más importante es que tu perseverancia hará que llegues victoriosa al final. Si te caes y sientes dolor, poco importa; levántate, que tienes el coraje que hace falta. Toma con tus manos esas piedras y lánzalas lejos de tu camino.

Sigue adelante, tú tienes la voluntad, y papá Dios siempre está contigo. Él te ama, por eso te dará las herramientas para continuar y alcanzar tu meta de ser madre. Dios no te desampara».

Puedo afirmar que mediante ese sueño experimenté lo que de otro modo pudo haber sido un dolor intenso y desafiante: el acceso a la vida, la creación, el encuentro con un nuevo ser, y que las miradas profundas dicen más que mil palabras.

LOS HIJOS NO SE ETIQUETAN, Y NADIE DEBERÍA HACERLO

Una vez, una mujer de sentimientos y acciones oscuras se refirió a mi hija de una manera tan despectiva, que no solo la etiquetó con palabras hirientes ("esa niña adoptada que ella tiene"), sino que lo hizo con un tono y una intención tan llenos de malicia que era obvio que su único fin era herir, sin medir las consecuencias. No solo buscaba lastimarme a mí, sino también perjudicar a otra persona, creyendo que así obtendría algún beneficio.

Cuando leí sus palabras en un papel, sentí como si me hubieran clavado un cuchillo en el pecho. Fue una punzada penetrante, y yo solo esperaba el momento adecuado para mirarla a la cara y dejarle claro que esa sería la primera y última vez que se referiría de esa manera a mi hija. Podía decir lo que quisiera de mí, pues en verdad no me importaba, porque sé que las personas dicen y actúan de diferentes formas cuando quieren herir.

Puedes usarme a mí para ese propósito, pero nunca, jamás toques a mi hija, pues a la hora de defenderla, soy una leona enfurecida, la protejo con mis garras y la cubro con mi cuerpo. Haz lo que quieras conmigo, pero deja a mi hija fuera de esto. Ella es mi tesoro y lo que más amo. Daría mi vida entera por ella. Sufrí y esperé demasiado para hacerla posible, y ni tú ni nadie tiene derecho a ensombrecer nuestro cielo.

Siento pena por ese tipo de personas que usan a sus hijos como escudo. Dicen que los aman, pero son solo palabras llevadas por el viento. Sumergen a sus hijos en sus conflictos, en sus traumas, cuando ellos son realmente ajenos a eso. Personas que se dan golpes de pecho y visitan templos, pero que en realidad visten de bondad su malicia.

Solo te pido que por favor no involucres a tus hijos. Ellos no tienen la culpa de tus traumas ni de tus desatinos. Si tu vida no fue lo que esperabas, lo siento, llegué tarde para que me culparas.

Es triste ver la aflicción que cargan los hijos cuando están pagando por las heridas emocionales, resentimientos acumulados, rencores, cicatrices del pasado y batallas que no les pertenecen. Pero es más triste ver a un padre o a una madre olvidar que el verdadero amor hacia un hijo se demuestra protegiéndolo, no utilizándolo.

El día que uses a tu hijo como arma, habrás perdido uno de los combates más importantes: la batalla del amor, de la confianza y el respeto. Los hijos son sagrados, no tienen la culpa de tus desaciertos ni de que hayas tomado los senderos equivocados.

Pusiste lanzas y escudos de guerra en sus manos, quisiste que ellos pelearan por ti; los usaste como soldados y te escondiste detrás de sus escudos.

¿Te imaginas ese libro con páginas en blanco que tu hijo traía consigo? Las primeras páginas ahora están llenas de confusión, miedo y tristeza. Eso fue lo que escribiste en ellas, y aunque ahora intentes borrarlo, quedará grabado.

Cuando lo utilizaste, su corazón quedó herido por los golpes que dejaron grietas y cicatrices en el alma. Le arrebataste la pureza de ser niño. Esas sombras restan luz a su espíritu y recordará lo que sufrió cuando aún no entendía el mundo.

Por eso te digo: piensa antes de herir, porque lo que hoy siembres en la infancia, mañana será la voz que lo acompañe en la madurez.

NO FUERON COINCIDENCIAS

La historia de Tatiana no se basa en coincidencias ni tampoco es producto de la ficción. Los relatos que aquí comparto son verdaderos y ahora están plasmados en estas páginas que reflejan también sentimientos no del todo sumergidos y que volvieron a salir a la superficie.

Es una historia que ya estaba bosquejada. Ella es mi hija, la que por voluntad de mi Dios no pudo desarrollarse ni crecer bajo mi piel. Nada fue casualidad: fue el plan perfecto de Dios guiado por el amor. Son muchas y categóricas las señales que él me envió para mostrarme que lo importante no es quién la trajo al mundo, porque los hijos no siempre llegan del vientre, algunos llegan del alma y esos son los que dejan las huellas más profundas. Ella no nació de mi cuerpo, sino de mis oraciones, de mi fe.

Sigamos los hilos invisibles que bordaron esta tela. La reiteración de los sueños en los que comencé a entrever que era ella, que era una niña y que la suma de esas noches reafirmaba que más pronto que tarde estaría en mi regazo.

No fue casualidad que aquel domingo decidiera dar el primer paso para iniciar su búsqueda. Sabía que papá Dios no iba a tocar a mi puerta para decirme: «Abre tus brazos, aquí está Tatiana, la bebé que tanto deseas».

No fue casualidad que el lunes ella ya me estuviera esperando.

No fue casualidad, fue Dios abriendo el camino para que nuestros cauces confluyeran.

Las personas que me ayudaron —cuyos nombres verdaderos no menciono por respeto a su privacidad— llevaban, de alguna manera, mi propio nombre mezclado con el de mi madre y el de mi abuelita. El nombre de mi hija estaba misteriosamente unido a nosotras tres, como si el destino hubiera tejido una trama generacional.

El doctor que la recibió y escuchó su primer llanto es el hijo de mi madrina, quien fue mi amor de niña y con quien siempre hacía planes de vida.

¿Cómo no ver en eso un mensaje?

El mes de su nacimiento es el mismo de mi abuelita, con solo dos días de diferencia. Ese detalle es una confirmación de que Tatiana fue conducida por Dios hacia mí. Sus dedos pulgares, lo primero que me recordó a mi abuelita, ratificaron que ella era parte de nosotras.

Todo esto no puede ser una simple coincidencia. Diosito nos unió porque mi cuerpo no estaba preparado para concebirla, pero sí contenía el aliento necesario para la larga carrera de buscarla, encontrarla y recibirla. Desde el primer instante no tuve que preguntarme si la amaba, lo supe con la misma seguridad con la que reconozco que soy mi propio yo frente a un espejo.

Las casualidades no traen hijos, el amor los trae, y el amor trajo a la mía. Ella no nació de mí, pero nació para mí, porque los hijos del alma no necesitan nueve meses en el vientre, sino toda la vida en el corazón.

Yo le di vida a Tatiana en sueños y un ángel me la entregó por designio divino.

EPÍLOGO

Nunca imaginé que escribiría acerca de este episodio de mi existencia. Un hecho que me nutrió, me hizo crecer como persona y como mujer, y que me enseñó a tener fe y a creer que la vida puede ponerme frente a períodos difíciles, pero también puede regalarme momentos gratificantes y maravillosos. Sobre todo aprendí el verdadero significado de ser madre.

Hoy soy una mamá orgullosa de su hija y una mujer que ha sabido enfrentar cada reto con valentía. He librado distintas batallas y, hasta ahora, ondeo con orgullo la bandera de la victoria.

Lo que puedo decir sobre esta historia es que no creo en coincidencias, solo en el poder divino, en la fe y en la fortaleza interior con la que deseamos algo con todo nuestro ser. Mi sendero estuvo lleno de las legítimas aspiraciones fundamentadas en la necesidad de convertirme en madre. Todo ese trayecto fue guiado por Dios, quien me fue preparando, paso a paso, para el día en que Tatiana llegara a mí. No fue el destino, fue él quien nos unió.

Desde luego, no fue fácil. Hubo dudas, impotencia, llanto, temores que casi me vencieron. Hubo días en los que levantaba mi vista al cielo suplicando por una señal, y cuando más necesitaba consuelo, el sol iluminaba mi rostro, renovaba mi fe, me llenaba de energía y me devolvía el valor para seguir luchando en busca de TIPP.

Y a ti, mujer, o a ti, hombre, si estas páginas te dejan un aprendizaje, ojalá sea el del despertar de la valentía interna que todos tenemos, pero que muchas veces desconocemos, que se traduce en el deseo y la fe para cumplir nuestros propósitos. Pide ayuda al cielo, que Dios nunca desampara.

Hoy sé que este no es el cierre de un capítulo, continuaré escribiendo en ese libro de páginas en blanco, porque el papel de madre no tiene final. Sé que incluso cuando mis ojos descansen, iré a visitarla en sus sueños para consolarla, mimarla, protegerla, aconsejarla y susurrarle mi amor, así como ella estuvo siempre en los míos antes de nacer.

LA AUTORA

Colombiana de nacimiento y venezolana de corazón, llegué a Estados Unidos hace más de veinticuatro años con un equipaje lleno de sueños, esperanza y fe en Dios. En mi camino he librado grandes batallas: la infertilidad, dos tratamientos contra el cáncer y la silenciosa lucha de sus secuelas. Pero mi Diosito siempre me tomó de la mano, y así pude seguir adelante.

Siempre me he visto como una guerrera, con el escudo y las lanzas listas para enfrentar la vida. He sido una emprendedora. En Venezuela fundé una empresa que sostuvo a nuestra familia y a otras más, dirigí una compañía de paisajismo, fui fotógrafa en Ohio, Michigan y Chicago; tuve una boutique de vestidos de novia, donde cada diseño era una historia de amor a la medida. Hoy soy agente de bienes raíces y orgullosa escritora de mi propia historia.

Una vez escuché una voz que me dijo: "Tendrás que regresar a tu país, aquí no podrás". Yo respondí: "Este país no me comerá… Al contrario, yo me lo comeré". Y así fue.

Entre 2024 y 2025 fue especialmente duro: cinco cirugías, setenta y nueve sesiones de cámara hiperbárica y tres semanas consecutivas de antibióticos intravenosos. Fueron muchas piedras en el camino, pero decidí tomarlas con mis propias manos y lanzarlas lejos. Hoy declaro, con convicción, que ya no habrá más tropiezos porque lo vivido quedará en los recuerdos de lo que, una vez más, fui capaz de superar. No ha sido fácil, pero todo es posible cuando hay fe, valor, esperanza y ganas de hacerlo.

Siempre quise escribir un libro, aunque pensé que no podría. Hoy recordé la mujer que soy: fuerte, valiente, maravillosa e inteligente. He visto cómo, con fe y determinación, mis ilusiones y deseos más profundos se han cumplido. Entonces, ¿cómo no confiar en que este sueño callado también puede hacerse realidad?

Mi historia, Te amaba sin conocerte *(I Loved You Before I Met You)* nació de lo más profundo de mi corazón, de mis vivencias, de mis sueños y de mis anhelos. Y hoy tengo la inmensa alegría de compartirlo con ustedes, los lectores.

María Isabel Páez
Instagram: @mariaisabelpaezauthor
Facebook: Maria.I.P.Mossing
mariaisabelpaezauthor@gmail.com

CONTENIDO

Made in the USA
Coppell, TX
02 February 2026

70603426R00095